山の怪異譚

山の怪と民俗研究会 編

河出書房新社

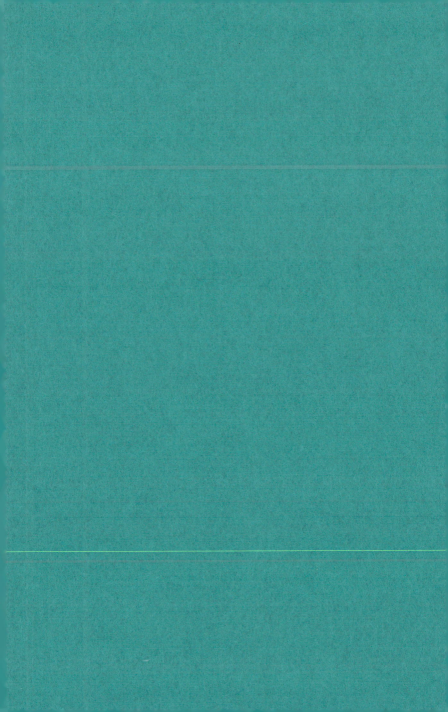

山の怪異譚

◉

目次

装幀――山元伸子
カバー写真©PIXTA

山の怪異譚

幻の山小屋（一）

青柳　健

　私は山小屋の前に腰を下ろした。その小屋は奥秩父の深い原生林に取り囲まれて、荒い木材を組みたてた、いかにも森の中の小屋といったような、深淵な趣きがあった。遠望が利くならば、こんな風な山小屋の、荒い敷ござに坐って、その素材のまま作られた窓枠にほほずえついて、暮れて行く渓谷を眺めるのは、私の好きな時間である。

　しかし私は何故かその小屋に入りかねている。それはまだ午後の四時頃で、太陽は林の梢越しに、もれ陽をちらつかせているし、それに、朝立ちの私は三峯をケーブルで登ってから、尾根路の五時間あまりの道程で、十分に疲れて、今日一日の登山を終えたと思える満足感がなかったこともある。まだまだ歩けるとも思っている。

　また一方では、その小屋についた時には、若いハイカーが大勢ついていて、中からは若い人たちの笑い声が時々響いてくる。そんな中に中年の単独行者が入っていったら、どんな風に見るだろう。いや私は一体どんな態度を取っていたら良いのか解らないのだ。

　若いハイカーたちの軽快な服装にくらべると、いかにも古びた時代ものの服と、土のいっぱいついた登山靴をどたつかせて、それもただ一人深刻そうな顔をして潜入するのは、何だかそれらの人たちに悪い気がするのだ。せっかく楽しい気分で山小屋の夜を迎えようと思っているのに、不愉快な気分を起させはしまいかと考える。もっと私が年を取っていて、物解りの良さそうな老人であったら、そんな風な恥かしい思いをしなくても、自分の位置を見出すことができるかも知れない。あるいはもっと若かったら、お互いのジェネレーションの合った雰囲気の中で、何のためらう気持ちもなく、同化できたかも知れない。半分おとなの、三十歳という年齢よ。夢ばっかり残った中途半端な宙に浮いた年よ。私はその小屋にさよならをいうと、そろそろ肩に喰いこんできそうな荷を上げた。

地図を見ると、頂上には避難小屋があり、その先に大ダル小屋というのがあり、その間にも甲州雲取小屋跡という記号で、小屋の印がある。小屋跡があるのなら、材木のかけらぐらいと、水場と、一人の男が横たわるぐらいの広さが残っているだろうと計算した。しかしその計算は後になってから、大変な間違いであることを知らされるのだったが。

私は山頂に急な道を登りながら、その山小屋に泊れなかったことも、窓枠から、暮れる奥秩父を眺められなかったことも、大して残念には思わなかった。むしろ、選択というものは単独の場合、自由に取れるものだと、変な強がりを想い、若いハイカーたちと一緒に過す夜の気づまりを想うと斜面をあえぎながら登って行く方に、単独行者らしい誇りを感じてさえいた。

静寂な中を歩いていた。あたりの静かさということもあろう。それよりも、この途を行くのが自分一人で、夜に向って歩みを続けている決意が、神経を静め、自然の中に進んで行くことによって、他念を除いていたのであろう。山の中に入るといつも願うのだが、早く自然の真只中に入りこみたい、自然と同化してしまい、その規律の中で呼吸したいと思う。心の平和は、そんな同化の中で保たれるように思える。

雲取山頂は、かなり見晴しの良い所であった。しかしそこから見える山脈は、あまり私にはなじみのないもので夕暮の迫った風景の中で谷間はすでに深いもやに包まれ、重なり合った山脈は、自然の奥深くの考えこんでいるしわのように見えた。北アルプスに見られるような、すっきりした高度の感じはなく、むしろ北八ッの山脈のように、暗い森の山を想像させられた。

甲州側小屋跡の辺りまでは、一気に駈け降りた。それは少々開けた所ではあったが、私はその何もない跡に、仮寝の夢を結ぶ気にもなれなかった。まだ、夜というものの実感がはっきりとつかめず、あきらめてそこに横になるには夕方であり過ぎるのだ。日は沈んでしまったが、あたりは明るかった。歩くということの惰性から、自分を引き留めて、夜に向う心の用意ができていないのだ。その気持の底には、前に通りすぎた山小屋の楽しげな夜がちらつき、この先にある大ダル小屋に、楽しげではなくとも、自分の身の置きどころを得て、ちらつくいろり火に黙って手をかざしていたいと思う心が、俄かに起ってきたのに違いない。私は立ち止ることもせずに、先を急いでいた。

秋の夕暮は、美しい幕を引いたかと思うと、たちまち夜に席を譲った。昼間はむしろ暑くさえ感じた尾根路も、風が吹き、ぞっとした寒さが肌に感じる。狼平を過ぎるころには、星が空を埋めて、夜の暗さが広がる。広かった尾根路はそのころから山腹をまきはじめ、森の中に姿を消して行く。不精をして夏から変えていなかった電池は、点してみるとパッとしない黄色い光をにぶく出しているだけだった。山腹の径は岩の間を縫って、上り下りがはげしい。三ッ岩を過ぎたと思われるあたりで、すでに電池は点々と消えたりついたりしたかと思うとやがて光は見えなくなってしまった。

夜の山径は、何度も歩いたつもりだったが、いつになっても私は好きになれない。明るい電池があれば、その照らし出された光の輪の中だけが、生きもののように動いてきて、静かな暗い所が不気味である。前に行く人があれば時々その人が何を考えているのか、不安になってくる。後からくる人がいれば、その不安はさらにつのる。一人のときには、

「俺は今一人だぞ。俺のほかには誰もいないんだぞ。こんな所に生きものなんかいやしない」

などと常に自分にいい聞かせていなければならない。その自己暗示から離れると、忽《たちま》ち立木が人間になったり、白い花が狐になったり、風の音が、獣の声になったりする。その幻想の変化は自分の頭の中で作り出すものなのだが、変化自在で尽きる所を知らない、その大脳の作り出した仮空の生物との戦いにいつまで破れないで歩いて行けるか。どうもそこまで行くと人間の判断力は少々あやしいものに思えてくる。自分の考え出した立木の人間に、ふっとあそこに人間がいると思ったりして自分で驚く。山の中に入ると、そんな時人間が一番こわい。

大洞山（飛竜山）を横切る辺りから、私はそんな幻に囚われていたように思う。すでに日が暮れてから二時間以上は暗い中を進んでいた。電池が消えてから、私はローソクに火を点して、それを風に吹き消されないように片手で覆って歩いた。そろそろ肉体の疲れが思考の働きを鈍らせ

てきたのかも知れない。疲れてくると無性に汗をかき、水が飲みたくなっていた。寒さもだんだん感じなくなり、むしろ、着物を一枚ずつ脱ぎたいとさえ思った。森はますます深くなり、星空もほんのたまにしか見えない。あるいは星を仰ぎ見るほどの心の余裕がなかったのかも知れない。岩につまずき、木々の間を時々すかして見つめ、覆った片手に区ぎられた明るい場所の径を探し、さらにその明るい所から、暗い森の中をのぞき見ようとしながら、前へ前へ、足を運んでいた。三十歳になっても、やはり暗い夜路は嫌いである。

飛竜山を過ぎるころには、すでに九時を過ぎていた。それでも私は歩き続けた。大ダル小屋がそこを過ぎた鞍部にあるのではないか。人々はそろそろ眠りにつくころかもしれないが、まだストーブの底には炭火が残っているに違いない。突然の来客に驚くかもしれないが、まさか狼や狐と間違えることもないだろう。私はそこで温い蒲団にくるまり、それきりにこのいまわしい夜の山径ともお別れができる。たとえそれがすき間だらけの小屋であったとしても、そこに人間が住んでいて、人間の声をこんな風の仮空の物語りとしてでなく、聞くことができる。むき出しの自然から、おののく我が心を隠してくれることができる。そんな風に山小屋を慕う心が、一歩一歩深く心の中に湧き起っていた。

このあたりが地図上の小屋のある所だと思える所は、山の鞍部になっていて、今まで見えなかった山の反対側が見えた。老木が倒れ、笹が茂っている。反対側というのはただ暗さが濃いだけで、それが谷になっているのか、あるいは尾根のようになって続いているのかは解らない。山の鞍部になっているのだから、小屋を作ろうと思えば作れそうに見えるだけで、その跡らしいものも見当らない。

あると思って来た小屋がないというのは、まことに不気味なものである。そのあたりはしんと静まり返っているだけで、耳を澄すと、風に木の葉が摺れる音や、夜の木の葉に溜った滴《しずく》の落ちる音が、思わずふり返らせるほどの大きな響きをたてる。

小屋はどこへ行ってしまったのだろう。山小屋が動く筈がない。山小屋に足が生えて、とっと逃げ去って行く姿を、私の疲れた脳細胞は描き出す。そんな滑稽な風景を、私の感覚は大して変にも思わないで想像しているのだ。山小屋は夜になると、気の向くままにどこかに遊びにでかけたのだとさえも考えている。あるいは意地の悪い木立や、黒い服を着た妖精が、私からその山小屋を隠してしまったのかも知れない。黙って考えているだけの私は、幻想を追い払うこともできない。

「ヤーホー・オーイ」

それでもどこかに小屋があれば、誰かが返事をしてくれる筈だと思って呼んでみる。一日中物もいわなかった私は、私の声に驚ろく。それはまるでざらざらとしていて、不快にさえ響く。コダマはすぐ近くの暗い森の中から聞えて来て、そのコダマの方がより美しい声になって私を呼んでいる。それは別の人の声のようにも聞える。別の人の声にしては、私の呼び声とあまり間を置いていないのが不思議だ。私は耳を澄してみる。

するとそのあたりに何か人の声がしてならない。はっきりと聞き取ることはできない。すぐ近くの森の中で語っている声がコダマのように静かなあたりの山肌に響き合いながらぼかされて伝わって来るような感じの声だ。その声は明らかに遥かな谷底を流れている瀬音とは区別できる。風の音や、滝の響きとも違っている。低くぶつぶつぶつぶやくような男の声と交りあって、一オクターブほど高い女の声が聞える。かまどに掛けた鍋がぐらぐらと煮え立っている時の音に似ていた。その近くに山小屋が実在していて、そこに泊った若い男女の二人が、この星空の下で窓の外に腰を下ろして、星を見上げながら、里ではついにいう機会もなかった二人の想いを語り合っているような響きがある。そしてその声は時々止んだりする。すると夜の眠りを破られたような鳥のけたたましい響きが静寂をつき破る。風の音や沢の音が聞えてくると、また前の二人のつぶやきが聞え始める。

「オーイ・ヤホー」

私は暖かくストーブの燃えているその小屋のことを考えると、たまらなくなってまた叫び声を上げてしまった。その声は前よりは少し調子が良くなって自分でも何とか聞くに耐える響きがあった。それは前の呼び声で、静寂な山中に響く自分の声に慣れたためかも知れない。あるいはこの暗闇の中にいる己の存在に、少々自信がついて来たからなのかも知れない。

何はともあれ、私の声は深い闇を圧倒するだけの大きさを持っていた。しかしそれも私の喉を離れて、山の側面のコダマを呼び合いながらさっさと消えて行ってしまった。その後には前よりも更に深い闇と沈黙がおとずれて来た。私はその頑強な自然の沈黙に少々うろたえながら、やはり聞き耳を立てている。すると、フクロの鳴き声と交り合いながら男女のつぶやきが、高くもならず、小さくもならずに前と同じような音で聞えて来るのだ。

その声は幻聴だろうと思った。山小屋が忽ち向うの谷間に逃げて行ってしまうことはあり得まいと思った。しかし、人間の実際の知覚と、理性の判断とはそんな時に、何とかけ離れてしまうことだろう。砂漠を辿る旅人がオアシスを目の前に見たり、あるいは水の中に手を入れてみることだってあるという。水と思われたものは蜃気楼で、手は暑い砂を握るだけだという。あるいはヘルマン・ブールはソーセージが空中につり下っているのを見たということである。知覚が囚えた世界は、理性で割り切ることはできない。私は山小屋がなかったことではひどくがっかりしていたが、しかしいつまでたっても、あの声のするところに小屋があるのだ、という想念を振りきることはできない。どこかその辺に小屋があると思えてならない。一つ尾根を間違えているのだと思い直して、諦める決心はつかない。

私はまだ、どんどん歩いて行った。曲り角に来ると、その木立の向うに、小屋の灯がちらほらと瞬《またた》いていはしないか。もう一つ越えたらある筈だと考える。また一方では、その小屋はすでに通り過ぎてしまったのではないか、引き返して、もう一度あの鞍部の辺りを探してみなければとも思う。しかし私の足は止らない。相変らず先へと歩いている。私はそのように歩いて行くのは、もう自分の意志ではないと思った。どこかでこの歩みを止めなければならない。それは非常に大変な決断であった。ビバークをするための決意というよりも、今はただ、歩いている自分の足をとめる。ただそれだけのためにする決心をしなければならないのだ。それは全く無意味な心使いで、自分の行動を、自分で決めることのできないのは、何という情ない出来事だろう。

「オーイ、誰か僕の足を止めてくれる人はいないか」

そう叫びたい思いだ。

しかしその瞬間はなかなかやって来なかった。ただでさえ長く感じる夜の山径である。時間の観念は、空間の深さの中に吸収されてしまうのだろう。夜の沈黙が、時の流れに圧迫を加えるのだろう。流れはせき止められて、人間の感覚だけが勝手にふくれ上る。考えはいつも同じ所を堂々めぐりをしている。張りつめた感覚は小さな物音に堰を切ったようにあふれ出すが、その瞬間を過ぎると、更に重々しい意識となって帰って来る。心の変化がない。ただ長々と夜の山径だけが、果てしもなく続いている。どこまで行っても尽きはしない。

私がある曲り角で足を止めたのは、いったい何の理由によるのか解らない。その時から、私の所に現実のいろいろな状態が甦って来た。まず無性に腹が空いていた。食糧はあまりなかったので非常食の干パンを出して食べた。残り少なかった水も飲んだ。それから寒さだった。風の吹き抜ける秋の山径に、私を夜の寒さから守ってくれるものは、一枚のヤッケとビニールの雨具だけだった。ローソクを木の切り株の上に立てると、私はザックの中に入れてあるものをすべて取り出した。その中にせめて足を入れて寝ようと思うのだ。それからあたりの風物だった。

しかしそれは風物という程のものではなかった。松と杉の大木、その径から谷間へはかなりの斜面で落ちていた。径は一人の人がやっと通れるくらいの狭さだ。山側は岩のつき出た荒れた山肌であった。そして遠くの方は。私は遠くを見ることはできない。ローソクの灯ではせいぜい私の見える範囲は五米四方ぐらいである。いや正確にいうと、五米二方である。径の辿ってきた方と、これから行く方である。そのどちらも正確には見たわけではない。つまり何か危険性のある存在がいるかどうか、確めたわけではないのだ。

私は遠くを見ようという気持を拒否した。そんな心とつき合うのは、この一と晩御免を蒙りたいものだ。まあ例えそこに何があろうとも、あるいはいようとも、別に大したことではない。私のことが気になるようだったら、向うから尋ねてくれれば良いのであって、何にもこっちから出向く必要もないし、それにこんな夜の夜中にうろうろしている不躾な存在者に、特別の敬意を払う必要も感じなかった。

そんな風に心を決めてしまうと、私の廻りも案外落着いた住み良い場所に思えて来た。ローソクの光のとどく、五米二方の我が宇宙は多少小さな世界なのだが、人間が一人占にするにはまだ広すぎるとさえ思えた。その他の世界が暗黒でいたいなら、そのままいれば良いので、お互いに侵入は止そうと、私は夜と協定を結んだ。その協定もローソクの灯のある間だけであることは解っていた。私はあるだけのものを身につけると横になった。すると、私の宇宙は更に小さくなり、その一部には梢越しの星が加わって来た。ただそんな時一番心配したのは、誰か私よりも更に変な登山者がいて、道の真中にいる私を不用意に踏みつけはしないかということだった。あるいはその登山者は道の真中に寝ている人間のために道を塞がれて迷惑をしたり、あるいは曲り角なので反対側から来たら突然に道の中の人間に気付いて驚いたりするとその人に悪いと思った。そんな登山者が、夜の夜中にこの径を通るかも知れないという考えを払い除けることはできなかった。

私は山側に身をすり寄せると、なるべく岩石の一部のような型を取りたいと思った。体を丸くしてなるべく固くなったまま動かないでおこうとした。自然の一部になって、岩石となり、陽が昇って来るまで、そのままの姿でいられたら、幸福なことだろう。風は不法侵入を止めなかった。夜霧がその風に運ばれて来た。そして私のビニールの雨具には忽ち露が溜った。風の寒さが骨身にしみる思いだった。しかし、私は自然の一部になり、岩石になったのだから、この風や寒さに耐えられるだろう。

私はローソクの灯を消した。するとあたりは一度に闇が押し寄せて来て、忽ち私の小さな宇宙も占領してしまった。そして目がその暗さに馴れるまで、ローソクの光でも、大変な明るさがあったのを知った。この闇とは比べものにならなかった。しかし私はもう暗黒には驚かなかった。目が暗闇に馴れると、今までよりもかえって遠くの物を見ることができ、遠くの物音を聞き分けることができた。梢からもれる星明りが、なんて澄んでいて、きれいだろうと、そんな感傷にひたることもできた。闇の中に身を任せた私は、今度は本当に自然の中に融け込んでしまった自分を見出した。光のある内のように、その闇に少しの敵意も感じなくなっていた。この柔い闇は私を包み、ものうい睡りに誘った。自然の静物の一部として迎えられた私は、何のためらう所もなくその眠りの誘いに引き込まれて行った。

闇、闇、音もないこの柔かな闇、私はその闇に抱かれて幸いだった。しかし私はどうしたわけかその闇の中を歩いていた。私の足はがくがくと鳴って、荷物が肩に食い込んだ。私はもう疲れているのだが、足の動きを止めることができなかった。すると森の中に灯が瞬《またた》いているのが見えた。私は山小屋をようやく見つけることができたと思った。しかしその灯はどんなに歩いても近づかなかった。

すると後から人の声がして、

「お前、あれは狐火だから、いくら行っても近寄らないよ」

といった。私は
「えっ」

といって振返った。そして、その人間の顔を見たと思った。私を起したのは夜の寒さだった。

怪談「八ガ岳」

片山英一

神戸山岳会のその年の正月の合宿登山は、信州八ガ岳に展開されて居た。十六年であったと思う。行者小屋附近で一緒に雪中に泊り合った、明峰山岳会の若い元気な連中と、楽しく語り合った。その人々の中何人かがその春、谷川岳に雪崩のため雪洞に就眠中敢えなく若い生涯を閉じられた、あの痛々しい遭難事故が恨み深く生々しく想い起される。

その年の私達の計画は少し変則なもので、十六名に達して居た参加者全員が、荷上げとアドバンスキャンプ建設、糧秣補給等を兼ねつつ一通り八ガ岳全部を歩こうと言った欲の深いもので、このような試みも利用する場所によって面白いものでもあった。即ち、赤岳鉱泉をベースとして、行者小屋附近、阿弥陀と中岳のコル、赤岳石室の三ヵ所に固定されたテントを利用しながら次々に各パーティが移動する計画で、各パーティは鉱泉から赤岳—中岳—阿弥陀岳—権現岳—横岳—硫黄岳—大同心—小同心等を入れ替り立ち替り、グルグルと一通り縦走して、予定された日に予定通りのコースを荒天を冒しても縦走し、撤収日に至ってその現泊地の天幕を撤収するという仕組になって居た。

従って各パーティは好天に恵まれつつヤッホーを交し各コースへ別れた切り、赤岳鉱泉へ撤収合流するまで、ツアッケの踏み跡や、ステップの跡、又各テントに残された日誌等に、他パーティの奮闘を偲ぶのみで、山の中での交歓の機会には恵まれぬ訳であった。

予定されて居た日に、各パーティが各々の前夜の泊り場から次々と鉱泉の小屋に引き上げて来て、下山を明朝に控えての解散コンパの夜は雪焼けした元気な額を赤々と燃える榾火《ほだび》の炉辺に集めて自慢話に花が咲いて居た。

鉱泉の浴場へ、私はAに誘われるままに、二人で中座して廊下を渡って降って行った。浴室には今にも消え入りそうな石油ランプが、かすかにまたたいて居て、こちらの脱衣室は足もとも定かでない。厳しい寒気に追い立てられるように、厚着した衣服を慌しく脱ぎすて湯の中に寝転んだ。二人が仰臥してやっと腹が湯に浸る程度少量のそれも至極ぬるま湯で、つかったが最後寒くて容易に上れない。窓ガラスがみんな割れ、湯ぶねのふちも厚氷で、僅かなランプの光りがにぶく輝いて居る。どうした事か、風も吹き込まないのにフッと灯が消えて鼻をつまれても分らぬ位真暗になった。

これをチャンスに湯から飛び出ようとしたが、Aのタオルが見つからないので私のタオルを貸してAに先に上がって貰った。湯槽の中で仰むきになったままふと見上げると、頭を手拭で姉様かむりに、絣の上着に黒無地のモンペをはいた女が消えたランプのあたりに立って居る。私はランプに火を入れに来たものとばかり思い込んで、

「すみません。油が切れたらしい」と声をかけた。女はややうつむいてじっと立ったまま一向動

かない。重ねて、

「おばさん、おばさん、ランプはその窓の処ですよ」

と至極のんびり、灯を入れて呉れるように頼んだ。

「おい!! しっかりしろよ。誰も居ないじゃないか」

ギョッとしたようなAの上ずった声が、あちらの脱衣室の方からどなって来る。そう言えば誰も入って来た気配もない、然したしかに、そこに女が、眼の前に立って居る。小さな絣の柄が暗闇の中にほんのり浮いて居る。私は不思議にちっとも怖くなく、ゆっくり湯から上がって、ランプのある窓に近づいた。たしかに誰か立って居る。あたりは文字通り真暗やみで、Aが大急ぎで着物を着て居る慌しい気配が聞えるだけで何も見えないのに、その女の輪郭だけがぼうっと浮んで居るのは何故だろう。私は一足踏み出して、女の肩を叩こうとした途端、姿勢が崩れて床板の厚氷に両足をとられ、ドスンという大きな音と共に尻もちをついた。大慌てに慌てたAのすったマッチの光に照らし出された浴室の中には、呆れたAの顔と、素裸の私の他は誰も居ない。

急に怖くなった二人はシャツや服を一まとめにかかえたまま、廊下を駆けて素ッ裸で囲炉裡へとんで帰ると、話を聞いた一同はドッと笑いこけた。その時それまで内緒にしておこうと約束してあったのか、何も言わなかったBがふと真顔になって、しきりにSの顔をのぞき込みながら
「あの話、みんなに聞かそうか。こうなったら、本当に怪談八ガ岳だ」Sはニヤニヤ笑いながら頷いた。

「僕等が赤岳の石室へ泊った晩だよ」と何時《いつ》になく真剣な顔つきで話し出すBの気配に一同は声

をのんで聴き入った。

赤岳のテントは大体石室附近で張るつもりだったが、風が強く積雪は吹き飛ばされて適当なキャンプサイトが見つからぬままに、石室に叩き込んだ雪をかき出して、小屋の床板の上にテントを張った。日没になるとさすがに寒く、寒暖計も室内で零下十七度を指して居た。その夜はBとSの二人だけであった。不自由な炊事もそこそこに八時過ぎにはシュラーフにもぐり込んだが、寒くて容易に寝つかれそうにもない。みの虫のように頭までスッポリともぐり込み、内側から口を閉めてしまっては冗談も交せず、いつしかうとうととまどろんで居たらしい。小屋の一番奥（東側）にS、その手前に並んでB、二人共南を枕に横になって居た。何時頃であったろうか。ふと、何かしら異様な気配に、Bは浅い夢を破られた。誰かが、何かブツブツ一人ごちながらゴソゴソ動いて居る。然しこの寒さにやっと温まったシュラーフから首を出すのもおっくうなので、Bはしばらく息を凝らして気配をうかがって居た。

じっと耳を澄ますと、しんしんと更けて吸い込まれそうな静寂の中でゴソゴソと、しきりにうごめきつつ、何だか聞きとれぬ言葉をブツブツ唱えて居るのはS以外にはない筈だ。慌てたBはシュラーフの口を解くのももどかしくマッチをすって枕許《まくらもと》のローソクをともした。どうした事だ。Sは猿又一つのほとんど素ッ裸、この寒さに唇の色もあせて、蒼ざめた頬に血の気もなく、ブルブルふるえながら見開いた瞳はどんより曇ってあらぬ方を眺め、しきりと相かわらず何かつぶやきながら端然とシュラーフの上に坐ってこの世の人とも思えない。Bは水を浴びせられたようにゾッと鬼気を覚えた。しばらくSの両肩に手をかけ夢中でゆすぶっていると正気に返ったSは急に「寒い。寒い」と大急ぎでシャツを着はじめた。時計は一時を少し廻って居た。熱い紅茶に一息ついて暖をとり戻した二人は顔を見合して、初めて大笑いした。Sは誠に変てこな夢を見たらしい。しきりと息苦しく気がつくと誰か見知らぬ男が馬乗りになってぐんぐん首をしめつける。色の白い、眼鏡をかけた、二十二、三の若い男である。はねのけようともがくが、シュラーフにもぐった身体は身動きも出来ず馬鹿に強い力の男である。

その男は恨めしそうに言った。「私は凍え死にそうに寒いのに、君はそんな羽根ぶとんに入って、随分暖かそうだな。僕が今にも死にそうなのに、その毛皮の胴着だけでも貸して呉れても良いだろう」「よし! 貸してやろう」Sはシュラーフから抜け出て、胴着を脱いだ。然し死にそうに寒いその男は毛皮の胴着だけで辛棒せずズボン、上着、ワイシャツ、ズボン下と次々と執拗にせがみ、とうとうSは素ッ裸にされてしまったらしい。

赤岳石室の一夜の奇妙なBの話を固唾を呑んで聞き入って居た一同に更にSが語を継いだ。

「それが不思議なんだよ。色の白い、眼鏡をかけた二十二、三の男と言う人相だけじゃなしに着て居た服装まではっきりして居るんだ。霜降りのホームスパンの上着に共生地の鳥打帽、茶色のニッカーズボンをはいてね」

みんなと一緒に炉辺を囲み黙々と榾《ほだ》を折って火を守って居た小屋番の高橋君が、突然、も一度その人相と服装を問い返し、Sが小屋の中で寝た位置をこまごまと尋ね、フームと息を入れた後、

「実は昨年(昭和十五年)四月に東京から一人でやって来たお客様がありました。赤岳へたったあと急に天候が崩れて吹雪になったが、無事にそのまま向うへ降ったと思って安心していたところ、

その後六月に登山者が、赤岳の石室で凍死して居る死体を発見し、急報を受けて登ってみますと、その四月に登られた色の白い若い人でした。今日あなたの話を伺っていると丁度あなたの寝《やす》まれたその場所で、筵《むしろ》をかぶって凍え死んでいました。ホームスパンと言うのか、生地の名前は知りませんが、霜降りの上着の茶色のズボンで鳥打帽をかむっていました。おっかさんが迎えに来られて随分泣かれましてね。この上でお骨《こつ》にしましたが、恐しい因縁ですな」と火を見つめたままぽつんと独り言のようにつぶやいた。

私達一同慄然として声なく、背筋に冷たいものが走るのを覚えた。そして私はこの時以来霊魂というものを、無情と否定することが出来なくなった。

奥会津檜枝岐《ひのえまた》怪異譚

石川純一郎

山人達は小屋を構える場所や山への出入りなどを一緒にする山仲間の小さい集団を形成している。山仲間の一大特徴は信仰の共同で、昔にさかのぼるほど集団における掟は厳格で、この掟に背いた者の主観的な制裁は恐ろしいものであった。

――良材は密林に捜し求めては斧を入れ、岩魚をば渓谷に漁《すなど》り、獲物を追っては人跡未踏の山岳を縫い歩き、山渓に野宿あるいは山小屋に宿泊せねばならぬこれら山郷の人々が、長い過去において受けた深山幽谷の酷《きび》しい寂寞の威圧の影響下にある彼等の心理は、信仰心と相俟って神秘的な様相を呈している。

山に対峙して生を営む山郷の人々にとって山は信仰である。

山もまた神秘的な存在である。

――檜枝岐山郷の神秘性をさぐる資料として怪異譚なるものを拾ってみた。

山小屋ではよくバンデー餅と称する食物を供えて山の神を祭る。

狩場では、水に困られて葡萄蔓の汁で渇を凌《しの》がれたという山の神の苦しみを思って水を極度に節約する風習があった。而してバンデー餅の製法は、普通の御飯の煮え立った時に湯をしたみ、暫《しばら》く蒸してから搗《つ》くのはこの為であろう。

さて、ある山仲間が山小屋で例の通りバンデー餅を搗いて山の神を祭ったが、仲間の一人は如何なる考えからか参加を拒んで自分の小屋に寝ていた。すると、その者の上にのしかかる姿のない不思議な力があって、隣りの小屋の楽しい笑い声がはっきり聞えていながら、自分では声も出なければ身体もいうことをきかず、非常に苦しい目に遭ったそうだ。

山の神を祭らなかった罰であろう。

——沖縄には、そういった悪戯の好きなキジムナという妖怪が住むという。

夕刻に隠し魔が出没するという考えは、久しく人々の心に信仰と畏怖の影を落していたとみえて、檜枝岐には「オーマバンバ」と称して子供にいってきかせる話がある。オーマは大変背丈の高い婆《バンバ》さんで、彼女の留守の間に二人の息子——ジャマンとガマンの姿が見えなくなった。河原で水遊びに夢中でいると、にわかに大水が出て、ぬぎ捨てた草履を岸に残したまま、二人とも押流してしまった。この事情を知らない彼女は、夕刻にはきっと人里に出て来て煙出しから頭をつっ込んで「ジャマン、ガマンはいねえかよ」と捜し歩くので、外などいると攫《さら》って行く。だから夕刻は早く家へ帰るものでござると。

——これはいわゆる隠し婆さんの話だ。

隠し婆さん、攫い狸狐などといって、隠し神とはいわない地方がかなり多い。檜枝岐はそういう地方の一つである。

山に働く者が、忽然として山に紛れ込んでしまい、消息を絶ってしまうのを、檜枝岐では狐の仕業と考えている。人の体内に狐が入り込んで、気狂いと阿呆のような異常状態に陥れるのだと信じられている。

一口に狐憑きという。

神に隠されるのはこの狐憑きであるが、人にはこれほどの理由がなくてただわけもなく山に入ってゆく習性があって、科学や推理でも解けない神秘性が横たわっている。

次に神隠しの話を三つ掲げる。

＊

今では開拓されて立派な耕地になっているが、小沢平《こぞうだいら》（檜枝岐では沢をゾウと訓む）という処は以前、密林に被われていた。

中ほどに、その名も化物清水《ばけものしみず》と呼ばれる泉がある。

いつの時代にもこの泉の辺に小屋を構え、板にする檜の材を取る木挽《こびき》の一団があった。三月の節句も間近かなある朝まだき、皆眠り耽《ふけ》っていると、出入口に立てた戸をバリバリやるものがいるので、斧などを手にして戸を開けてみると、泉の辺に大鍋を冠った妖怪がうずくまっていたという。

まもなく、節句を村で迎えるために帰ったこの木挽の仲間は、口々に妖怪を見て驚いたという話をしたところが、これを嘲って、そんな馬鹿なことがあってたまるかといって全然真に受けない男がいた。――節句の翌日、この男は、妖怪などいないことを確めてきてやるといってその小屋へ上って行った。村では男の帰りを明日か明日かと心待ちにして待ったが、二日たち三日たちしても音沙汰ないので心配になった。例の木挽を先途に村の壮者達が行ってみると、案の定小屋の中は空であった。周囲を捜すと、山の斜面に、檜を結《ゆわ》えた背負梯子《しょいはしご》の背中を当てる方を山の上に向けておろしてあり、山鉈の抜身が傍の木の幹に食い込んでいたりして、格闘のあった気配を漂わせていたという。勿論男の姿はどこにもなく、家族の者が口寄せをすると、皆が捜している時俺はあの木の上にいたが、モノに押えられていたので自分からは口をきくことも出来なかったそうだ。

*

これも小沢平《こぞうだいら》で起った話である。

尾瀬沼から流れる只見川筋は、ダムの出来る以前、産卵期に入ると鱒が沢山上って来た。この季節には鱒を捕獲する目的で村の漁師が小沢平に鱒小屋を構えた。義助という漁師も仲間の猟師と一緒に、この年も鱒小屋に移り住んで漁をしていた。ある夕方、義助はものを考え耽りげな様子で鱒小屋に帰って来て、ハケゴの中からひっ乾《から》びた小鱒を一匹出して見せびらかせながら、「今日釣ったのはこれだけだ」と苦笑したという。それから、「変なものを見て来た」というので、どんなものかと仲間がきくと、「河の底を赤い玉のようなものがごろごろ流れていた。よく見とどけなかったのが残念だ」と答えた。両の手の平で示した玉の直径は一尺もあったという。そんなものを見た時は逃げて帰るものだ、といって仲間が諫めると、「いや、明日こそはよく見て来てやる」といい、そういう処へは絶対行っちゃならんという仲間の忠告にも頑なに首を振った。

——その翌日、義助は、「鱒を漁しがてら行ってみるだけだ」といい、仲間の諫め言を左右してとうとうその処の方へ行ったという。仲間は心配して待っていたが、その晩義助はとうとう鱒小屋に戻らなかった。早速仲間が村へ跳んで、人を集め、数日間河を捜した。しかし義助のそれらしい物は何一つ見つけ出すことが出来なかった。普通川流れは何かしら残るものだそうで、何も残らないところをみると川流れに逢ったのではないということになったそうである。

義助の姿はその後も発見出来なかった。

丁度義助の行方が知れなくなった折も折、彼の妻が産気づき、腹の中の子供がギギギ、、、と変な声で鳴いたと思うや、妻の息が絶えてしまったという。

血縁のある者が口寄せすると、義助は、自分は魔物のために食べられてしまった、骨はなんとかいう河上の断崖の岩穴にあるから始末してくれといったそうである。

＊

小沢平《こぞうだいら》の近く（五十人小屋場）に伐採に来ている樵夫《きこり》の一組があった。密林に斧を入れているうちに、食糧が少なくなったので、一旦下山して村から運搬して来ようと相談がまとまった。その中の一人は、皆の戻るまで留守番していると主張しておれようとしなかったために、その者を残して他の樵夫達は仕方なく下山した。

食糧を背負って小屋へ戻った時には、しかし彼の姿はなかった。

一同は驚いてその附近を捜してみたが一向に発見できず、いたずらに日を送っていると、ある日ひょっこり彼は山中から出て来た。その時の顔の色は真青だったそうである。小屋に連れて帰って、温くいたわりながらどうかしたかとただすと、「皆の留守の間に沢山伐採してやろうと考えて一心に働いていたが、そうしたある日、急に渇を覚えた。道具をその場になげ出して川へ行ってみると、不思議に先客があった。自分の眼の前で水を飲んでいるのは、よく見ると大入道だったので気が遠くなって、その後のことは全然知らない」と答えたそうである。それは悪い者をみたといって、皆は心配しつつその晩は早く眠りの床についた。

――翌朝目を覚ました時既に彼の姿はなくなっていて、再び捜したがとうとう姿を現わさなかった。樵夫達は、何かの祟りかも知れないと無気味に思ったので、彼と小屋を構えた場所とをあきらめて山を下ったそうである。

*

二番目三番目の話にもあるように、神隠しの特徴は、行方が全然知れなくなる前に一度は家族や仲間に姿を見せることである。沖縄で神に隠された者は、木の梢や断崖など普通人の歩かない処を歩くことが出来、捜す人の声も姿もよくわかるのに、自分からはどうすることも出来ないなどといわれるが、これらの特徴は檜枝岐と似ている。

山でも特に不思議のある場所や日を敢えて侵さないという傾向も三つの話の中に窺われ、これを侵した者は狐憑きになって山深く隠れ、あるいは魔物にとって食べられてしまったのである。

三月節句の翌日は、今日でも山に入るものではないと強く戒めている。

＊

これは星兼三郎氏の実談。

氏がかつて曲輪《くるわ》職人であったころ、実川《さねかわ》の奥のチョンギ岩に近づくと、大砲のような大音響とともに、黒岩山頂に向って強風が吹き、ゴーッと三、四十間許《ばか》りの大木が弓なりになびいた。多分天狗が通られたのであろうということだ。

山小屋では毎食大概岩魚《いわな》を食べる。釣って来た岩魚の腹わたを小屋の前に捨てておくので、夜になると貉《むじな》が出て来る。明治の時代には、毎夜小屋の近くに来て芸をする貉が住んでいたという。山で働く人々が口吟《くちずさ》む浄瑠璃や長唄を聞き覚えて、夜になると実演に及んだのだそうだ。或る年の春文作という人が熊狩りに行った折に、僅かの積雪があった朝、貉の足跡を発見してその跡をたずねて行くと、確かに大木の洞《ほら》の中に入るとわかり、鋸と斧を持って行って大木を倒し、これを生捕った。この貉こそ芸獣であったとみえて、その後は小屋の近くで芸をするものが無くなったという。

ある女性の娘であった時分、それも日中のことであるが、上夜泣子《かみよなご》へ行くと上の山で、来ている筈のない母親が彼女を手招きしているのを見た。それは母親に違いないが、彼女が家を出る時には母親はまだ家にいたので不思議に思って帰ってみると、やはり母親は家にいて何処へも出た覚えがないといったそうである。

*

兼三郎氏が直接兄から聞いた話に、泊り山に行ってた際に、夜中に近くの密林の中から叫ぶような声がする――こういう時には負けないで音を立てるといいと聞いていたので、鋸や空罐を打ち鳴らして撃退したというのがある。

*

尾瀬ガ原の大釣場という地点に小屋を構えて岩魚を漁する者がいた。偶々《たまたま》十五夜の晩にこの小屋に泊っていると、何処からともなく腹鼓を打つ音が聞えて来た。外は昼のように明かるいので、その音のする方へ近づいて行った。そして盛んに腹鼓を奏している狸の群を詳しく見たという。

*

鳥海湖畔の怪

畠中 善哉

ガイドの栄田さんは鳥海の秘境として名ある稲倉岳《いなくらだけ》東よりの深谷へ入った、御浜《おはま》（七合目）からは足元近く見える所であるが思いの外時間がかかる。深谷への下りは生やさしいものではなかった。蟻ノ戸渡しの嶮を鉄鎖に縋《すが》り丈余のイタドリを縫うと間もなく水浸しの岩石が続いて苔むす岩の下りになっておりやがて東面に御滝《おんたき》が見えてくる。神代を思わせるような古峰が連なっている中間から落下する御滝は凄いまでに静寂な谷間の掟てを破って異様な響きを与え時折り出現する羚羊《かもしか》の跳躍によって起される岩崩れとともに木霊《こだま》は木霊を呼ぶ、御滝の渓流は奈曾川の原流で渓谷を渉り歩くと間もなく白糸滝が展開する、壮麗な滝で落下一〇〇メートルはあろう。

栄田さんは暫時滝の美しさに見惚れていたが意を決したものの如くに滝寄りの断崖を徐々に登っていった。それは前々からこの断層を一度物にしてみたい望みを持っておりまた若者にあり勝ちな冒険心も手伝って決行に至った。勿論岩登りの素養とてなく強引といえば強引な仕業である。登りは所々草付もあって難場の援けにはなったが思いの外手強い登攀に栄田さんは尠《すくな》からず自信を弱めた。後悔に似た感情が往来した。滝の飛沫は思い出したように時々襲来して栄田さんを苦しめた。下を見下ろすと今にも滑り落ちそうな錯覚にとらわれたりした。それでも栄田さんは徐々に徐々に登っていった。最後のあがきで悪場を乗越えて滝の落口側に登りつき安全な所へ腰を下ろした時には、全く命拾いしたような安心感と望みを果し得た誇りをしみじみ味わった。

一息ついて帰りがけの岩を登って間もなくの所に洞窟を見付けたので何の気なしに入口に近づき暗い中を覗きこんだ栄田さんは、愕然としてそこへ突立ったまま生色を失う程驚いた。確かに洞窟内に生物が潜んでいる反応が六感を強く刺激し正に鬼気迫る怖ろしい圧迫感を全身にうけたからである。一瞬五体が凍りつくような寒気《さむけ》に襲われそれが恐怖感となって全身のふるえは止まらなかった。早くここを逃れようと焦っても足は少しもいう事をきかず全く遅々たるものだった。岩を登り熊笹をかきわけ根《こん》の限りを尽してようやく御浜宿舎に辿りつく迄には相当の時間がかかっていた。確かに洞窟内に怪物がいるとガイド等に後日話したが障《さわ》らぬ神に祟りなし——とて誰もそこへ行ってみようという人はかつてなかった。洞窟の生物は今尚稲倉神秘の中にある。

この山の伝説にピントを合せると鳥海では殆んどが大蛇になってしまうのが通例である。

御浜の東南扇子森と鍋森に囲まれて円形の鳥海湖がある。周囲数百メートル、湖畔は砂礫で小高い周辺は高山植物が繁茂し周囲の投影によって深色を増し神々しいまでに静まり返っている。

鳥海湖畔に大蛇が出るという話は昔から専《もっぱ》らで現存のガイドも何人か蛇行跡を実見に及んでいるというわけで単なる噂でなしに地元ではあり得る事として肯定している。それは定まって八月も半ば過ぎといった期間に現出するので一つの神秘の出来事と地元の多くは今でも信じている。

鳥海山には古来大蛇の伝説多く古書に「東北の空に大蛇《おろち》二つ飛びゆき鳥海の嶺に下降した」と

あり現在千蛇谷《せんじゃだに》や蛇石流《じゃいしながれ》に至るまで蛇にちなむ名は多い。

栄田さんはガイドである。そして山好きだ。或年の夏それも八月下旬御浜から鳥海湖を廻って八丁坂に出るコースをとった吹浦《ふくら》コースから一寸《ちょっと》外れたコースも時によいものである。ニッコウキスゲの群落は花期過ぎて白い小花のハクサンボウフウや遅れ咲きのミヤマリンドウが美しく道筋近く咲いていた。湖面は小波一つたたず湖畔の砂礫も半ば乾いて足跡一つ見えないのは人の訪れがなかったからであろう。いつも眺める風物ながら美しい印象をうけた。

畔周の小路を歩いて八丁坂から千蛇谷、荒神岳を経て山頂を極め十合目の社殿に額《ぬか》づき午後二時下山についた。今日は鳥海湖に親しみを覚えたまま帰りも湖畔の道を歩く事にした。チョウカイアザミの豪荘な花房を賞でながら這松の林を右に見て岳笹の小路に入る頃もう湖が見え出してきた。湖畔の浜が半ば見える頃になって、おやっ――、と栄田さんは足を止めてじいっと砂浜の方を注視した。変ってるぞと思うなり一〇メートル程の草原斜面を走り下りて砂礫に出た。そこには八寸幅の跡が大きく曲りくねって砂礫に刻まれ恰《あたか》も馬車の轍《わだち》の如く続き湖水に入っているではないか。正に今迄耳にした大蛇の蛇行跡である。それも直前のものらしく一帯生々しい雰囲気に包まれている。

然し前回の稲倉洞窟と違いここは広々とした所であり御浜宿舎の近くにあるという気強さはあったが単身なだけに怖ろしい気持ちはした。今でも湖面から大蛇が出そうな予感がして微風が湖面を渡る変化にも神経を尖らした。栄田さんは目のあたり蛇行直後の跡をよく観察する事が出来たのは本当に有難いと思った。出来るだけ細かに見ておきたいと思い爬行跡に従い附近を調べてみた。一筋と思った跡は離れて大小二つになっており交叉している所もあった。砂礫にある岩は避けて迂回し草原に入り草を倒して鍋森に進んでいる。幸いフィルムが一枚残っていたので湖岸でシャッターを切った。

午前十時過ぎここを通った時は何の異常もなかったのが現在（午後三時）発見した事から僅か五時間の間に現出した事となるが実際現場を見ての感じでは三十分と経っていないものと推定された。栄田さんはこうして二度目の怪に出遭ったのである。

休火山である鳥海山は最後の噴火からまだ一五五年を経たばかりで所により若干の温気は現に残っている。鍋森附近は岩石の堆積で小洞多く蛇の生息に適している。

鍋森下は昔から不浄の人が入れば不帰とされ今尚地元民から神域と信ぜられている。鍋森から出た大蛇（蛇神）は草を倒し岩を避け悠々湖水にみそぎして帰るというのが地元民の伝えである。元ガイドをやった人達は湖畔の跡を皆見ておるがガイドの一人は蛇行の跡には青蠅が集まるといい、また一人は草原蛇行後逆光で見ると青光りするといっている。

こうした事を集束すると生物になってしまう。果して大蛇か否か。先年黒部の平小屋へ泊った際居合せた白馬のガイドから聞いた話の中で白馬の一、五〇〇メートルに大蛇が棲んでいるという事から大木の洞《はら》にかくれていた大蛇を木ともども焼いてしまった。後日丈余に余る大蛇の白骨が蜿蜒と現場にあったと其場に臨んだガイドは長々と話してくれた。

ともあれ未開拓の鳥海の事とて考えの及ばぬ怪事もあろうし怪物もおらぬでもない。そこにこの山の怪がある。

遭難者のいる谷間

西丸震哉

昭和二十三年というのは私にとって、山へ行くたびに遭難者に出くわさないことがいちどもなかったという奇妙な年だった。たしかその一年間に、十回山へでかけていって、八回は遭難者がまだ死なないうちに力を貸して未遂で終わらせたわけだが、これが人目につく平地だったら、表彰状の束ができずにはすまないところなのに、山では闇から闇へほうむり去られることになっている。

べつにたいした理由があるわけではない。知っている当事者、助かったほうは帰ってからわざわざ自分の失敗を宣伝するほどバカなまねはしないものだし、助けたほうとしては、自分のしたこと、たまたま偶然出あってちょいと手をかしたくらいのことを、はしたなくいいふらして、人からかげで笑われるほどのバカにはなりたくないというだけのことだ。

雨にまつわるこれからのお話は助けた部類に属さないから、賞罰にはまったく無縁の、つまり笑われる心配のないものだ。

そのころの七月末という時期は、いちばん安定した天候に恵まれることになっていたのだが、その年はこれがすっかり狂ってしまった。

上高地へバスがはいるようになったが、山小屋の泊り賃よりもバス賃の方が高かったと記憶する。そのために私はあいかわらず往復とも歩いて徳本峠《とくごう》越えをしていた。とにかくフトコロはわびしいけれども、ひまだけはフンダンにとはいえなくとも、なんとでもなった時代だった。島々《しましま》の郵便局のとなりに、小屋の主人の実家があって、まるで明治の探検時代のプランみたいに、第一日はそこで泊りだった。

その家の娘がお給仕をしてくれるのだが、おとなしい清楚な顔だちの娘で、それからあとは会ったことがないから、私の記憶はそのとしごろをさいごにしている。そんなに年齢差がなかったはずだとすれば、もう中年のいいおばさんだろう。まずまず、なつかしいからといって、会ってみたいという気などはおこさないように心がけよう。思い出の中にある清楚な娘なんていうのは、いまどこかにいるかもしれないおばさんと名前が同じであっても、絶対に同じ人であるはずがないのだ。

島々谷は山地のチョウが多いところだといわれていたが、たまたまこの谷へ人の入るチャンスが多いというだけのことで、おどろくほど数がいたり、変りばえのするチョウがここだけにいるなんてことはなかったと思う。

そういえば私の思い出せる島々谷のほとんどは、妙に暗い、日の当たらない、夕方のようなうら淋しい感じだ。

昭和二十三年のときの暗さは、たしかに天候に影響されているが、戦時中のときのは心のほうが暗くとざされていたからで、じっさいには天気のいいときもずいぶんあったんじゃなかったか。遠からず生命を断たれる、少なくとも山へ行く自由なんかは絶対になくなってしまうことだけは確実に約束されていたのだから。

徳本峠の茶屋のはずれから見る穂高、ほんとうは主として明神岳が、突然あらわれるから感激だといわれているが、私はここでこの絵葉書向きなまとまりのいい景色を何度見ても、あまり心を動かされたことはない。

ただいちど、昭和十九年の十月、山を去るときには、何から何まで見ておこうと目を皿のようにして三十分くらい見つめていたことはある。もうこれが見おさめだということは、ほとんど確かなことだったから。

だからといって感傷的だったかというと、けっしてそうではなく、展覧会で名画をじっくりと見て次へ移っていくときの気分と、それほど変りはなかったみたいだ。展覧会の絵のほうが、二度と見る機会のないという点では程度が上だ。だからといって絵にいちいちサヨナラなんかいう気にはならない。

このときの徳本峠の有名な側の景色はゼロだった。もちろんはじめから期待してもいなかったから、ガッカリもしなかった。

たしか茶店で甘酒を注文して飲んだ。水っぽくてうまいものではないと、口にしてからいつも気がつくのだ。そうだ甘酒というのはアルコールの気なんかないんだっけ。まあいいや、これでアルコールの味がしたんじゃ、まるでよっぱらいのヘドみたいなものになっちまう。

戦争の深いキズがなおりかけるどころか、化膿したみたいにうずいて、どうなることやら見当もつかないときだったから、山へ行って腹を減らすことなどとても考えられないためか、上高地にブラブラしている人はほとんど見当たらなかった。

しかしもともと山の好きだった人は、そろそろ心を山に向けだしたときでもあった。だからこそこの年は山で事故に出会う人が多かったのだ。かなりの年月のブランク、装備の劣悪、登山施設の荒廃、情報の欠如、栄養失調、これらが相乗効果をあらわせば、山の遭難者が私の行く先にいつでも待っているというのも仕方のない時期だった。

私の泊地は横尾の岩小屋であって、そこに手製の木綿の一人用筒型テントを寝具みたいに使って、絶対に雨にやられずに安く定住地を確保しようという計画だから、途中の徳沢園は素通りしようかと思ったが、せっかく来たのだからと思いなおして、こんにちわと一声かけた。

あるじが出てきて、一人旅か、泊りの予定は、といろいろ訊問する。そしてどうせ目的のない気楽な旅なのなら、予定をこのさい変更しろというのだ。

穂高はこの二週間ずっと連続して雨だ。しかも私が手伝わないかぎりこの雨は上がらないから、山へ逃げてもいい思いはできないという。穂高は山中に死体があると晴れないことになっているんだそうで、二週間前に五千尺の泊り客、学生風の男が行方不明で、その死体は奥又白の本谷以外にはありえないところまできている。

手伝えば今日も明日も「うち」に泊まれ、岩小屋よりいいぞ、村で費用は負担するんだから、大いばりでここへ泊まれや。

さもしい計算が私の頭の中でパチパチ音を立てた。イモとオジヤの自炊生活、三食付でフトンがあって、しかもタダ。

べつだん節操がどうというほどのことではないと思ったし、どうせヒマで予定はないようなものだから、しかたない、それじゃ奥又でもどこでも行くよ、ということになって、その日は乞食から王様に早変りした。

次の日、やはりジンクスが正しいのか、シトシト雨が続いていた。

奥又白出合の石原を正面にして梓川をザブザブやり、あとは荒れた岩石ばかりが積み重なる沢をずんずんつめる。

二週間も経過した死体に単独で対面するのは、突然では心臓によろしくない気がするので、ときどき横の高みへあがって変わったものがないかどうかたしかめる。

松高ルンゼはこのさい無関係なので、そのまま奥へ進むと、やがて周囲は岩壁が切り立ってきて暗い感じとなる。ジトジト雨が降ってますます陰気ななかを、本谷の大滝を登るなんていやだなあ。どこにも死体なんか見つからないとうれしいな、と考えはじめ、一段急な雪渓を乗り越え、上の平へ身体をせり上げてとび出したちょうど目の前に、おめあての死体が寝ていた。

突然出っくわすのはいやだぞと、あれほど用心していたのに、ものすごく意地悪なところで彼は待っていたのだ。大滝登りはしないですんだけれども、桶の底みたいな暗さと音もしない雨の中で、私の心臓は頭へ移住したらしく、ガンガン耳の奥でとびはねた。

兵隊の服、ズボンはひざの下でズタズタに切れてなくなり、軍靴は靴下のない足にちゃんとはまっていた。小さなザックを背中につけたまま空を向いて口をあけ、雨水がたまった口にはウジが充満していた。大きなニクバエがいっせいに飛び立ち、その数はおよそ四、五十匹。

胸のポケットに指をそっとさしいれると、一枚のぬれた布をへだてて細かい動きが伝わってくる。死体が寒さで震えているのかと思えるような、皮膚の下側にいっぱいつまったウジのうごきなのだ。

まず身元を確認できるものが見つからないと困る。現金が千二百円だったか、女物の服をカタに二千円を借りた質札、他人の名刺。

ザックの中をあけるのには苦労した。腕を通したまま上にのしかかっていて、なかなかひきずり上げさせてくれない。ようやく口から手をつっこんだが、出征のときのものか、寄せ書きをしてある日の丸の旗くらいしか目ぼしいものがなかった。軍隊では死なずにすんで復員して大学へもどり、わざわざ質屋から旅費を借り出して、九州からはるばる上高地へひとりでやってきた青年、そんなにまでしてここへこないではいられなかったのか。

おそらくは涸沢へでも入るつもりが、まるっきり別のところへ引き寄せられ、それでももどることを考えつかなかったのか、岩でしたたか落ちたスネのすり傷と、ヤブですり切れた服。この位置で動けなくなって夜をむかえ、どのくらいの時間が死ぬまでにあったのか、さいごは体温がぬれた服から流出して疲労凍死というわけか。たいして低温でもない夏、凍死というのは聞こえが良くないが、それがいちばん適当だと思えたし、今でも、彼の死因はそれでいいはずだと思っている。

他人の名刺の裏にこの場で死ぬ前にエンピツで書いた文章があった。

いつまでも雨はやんでくれない。太陽よ出てくれ。お母さんゆるして下さい。もし助かったら二度と再び山へなんか行かない。そんなことが七、八行にわたってかなりしっかりした字で書かれていた。

そうさ、君が死んでずいぶん経ったが、まだ雨はやまないし、太陽も出ないんだよ。もし助かったら、君は山へなんか行かなくなるかな。もしかすると、このきっかけで山男に変身することになったのかもしれないよ。だが君にはその「もし」はあり得なかったのだ。さいごは苦痛も遠ざかり、トロトロと意識が消えて、安らかな眠りになったはずだから、「もし」がなくなったことも気付かないですんだんだろうね。

彼は軍隊のズノウという、肩からかける小さな布カバンを持っていたので、これを借用して、お金や旗や紙片などを収め、片手に持って別れをつげることにした。もともと彼の身体にたかっていたニクバエのうちの何割かが、私の手や荷物についた死臭をしたって、どこまでもしつっこく私についてくることになった。

徳沢園へもどって、入口から一歩も入らずに塩をまけとどなった。なんだいちいちそんなことをという顔つきか、塩なんかもったいないという顔つきか、どっちかわからない顔つきをされた。

とにかくそのままじゃ臭気がつきまとうだけでなしに、やりきれない気分がしていたんだ。こんなことをさせておいて、そこまで気がまわらないようじゃ、とても一流の山小屋の主人にはなれないぞ。

やっとかかわりあいから解放された後、予定どおり横尾の岩小屋を独占し、一日は涸沢から北穂沢へ行った。小屋には客がひとりもおらず、テントは一張りもなかった。もう天気は良くなりかけてきたのだが、今では考えられもしないくらい、この年の七月末の穂高一帯には人が少なかった。

どこだかで顔見知りだった兄弟が北穂の頂上に小屋を建てるんだと、自力で材木を二、三十貫ずつ北穂沢ぞいに荷上げしていた。

そんなにしてまで滝谷で遊びたい奴がいる。私以上のバカを笑ってやりたいが、笑われているハライセに笑ってみてもはじまらないからやめておこう。

そういえば北穂の小屋というのができてからあとを私は知らない、そしてこの兄弟とはついにそのあと顔を合わせていないことに気がついた。

このときの山行は楽しくなかった。似たような雪渓があると死体を連想し、においまでが再現されてくさくなってくるからだ。

横尾の岩小屋で、犬小屋のようなテントから半身をミノムシのように出してたき火をしていると、そろそろ暗かったと思うのだが、上流側から山靴の音がして、かなり立派な山男スタイルの青年が通りすぎた。目の前の岩小屋で乞食生活をしている姿が彼に見えないはずはないのに、彼はチラリともこちらを見もしなかったことに気がついた。

いくら人嫌いで、あいさつをしたくないことはあっても、見ないですませることは人間として不可能だ。横尾の岩小屋はそういう出来になっているのだ。

私はすぐさま靴をつっかけると、まだ通りすぎてから十秒とは経過していない道にとび出し、下へ向かって五十メートルばかり走った。彼氏を追いぬいてもいいくらいのものなのに、どこにもその姿はなかった。

翌日、山からおりてきた人や下の山小屋の人にたずねたが、その時間に通過したはずの人はなかったという。

槍からこっそりと横尾本谷でも通ってくることだってできるのだから、人が通るはずがないわけではないが、当時としてはその可能性はほとんどないといえた。

次の日も同じものが通るのなら、より正確を期待できるのだが、残念なことになんの異常もなかった。

まるまる一週間もかけて、この回はまったく楽しめないで帰る日がきてしまった。

徳本峠からふりかえると、いまごろになって穂高はすばらしい好天に恵まれはじめていることがわかった。

けれども私はもう無念だと思う気もなくしていた。もうすなおに山を下りてあらためてすっきりと出なおしてこよう。

島々谷の下り道はたんたんとして、ただ長くて単調なだけだ。

私は何も考えずに、機械的に足を動かすだけでこの長い谷を、かなりの短時間で通ってしまい、どこへも寄らずに、松本の駅でいっぱいやることもせずに帰ったと記憶する。

強烈な印象以外の部分は、かえって普通以上に記憶が稀薄になっているみたいだ。

横尾谷岩小屋の怪

深沢 正二

上高地から槍ガ岳への梓川沿いの路を、横尾の出合いから、左へ谷に沿って約二〇分程しらべの原始林の中を歩くと、川っぷちに横尾の岩小屋がある。

この岩小屋は、常さのいう所では、

「嘉門次のじいの、そのまたじいの頃から使っていたらしい」

という話であったが、おそらく徳川時代の猟師が使って、伝えたものであろう。

勿論、日本の近代アルピニズムの発生の頃、大正時代の涸沢人種といわれる人達に、受けつがれて、夏山にも冬山にも盛んに利用された岩小屋であって、昭和十年頃には、この岩小屋に関する色々の話題が生れて居った。

*

この岩小屋は、涸沢へ入るのに荷が多過ぎたり、上高地での出発がおくれた時など、途中で一泊するのに手頃な場所にあるし、屏風岩への登攀には一番使い頃なので、現在でもシーズン中はいつも誰か泊った跡を見掛ける。

その頃、昭和十年前後であるが、横尾の岩小屋には、

「出る」

という、うわさが誰いうとなくいい伝えられ始めて、涸沢への出たり入ったりの度に、この前を通る時は、あたりのしらべの原始林の暗さと共に、何となし気味悪さを感じておったものであった。

ある夏、友人と二人で涸沢入りをした時、松本の出発が少しおくれた上に、涸沢での長逗留の為に荷が多過ぎたので、横尾の岩小屋で一泊した時のことである。

しばらくぶりでの重い荷物を背負ったり、土の上に眠ったり、明日からの涸沢での岩登り生活への思い等で、浅い眠りのその夜のキャムプには、どうも誰か焚火のそばへ来て、話をしたような気がしてならなかった。

それでも夢うつつに朝迄眠って、また重い荷物を肩に、涸沢へと登って行った。

次の日からの涸沢生活の間、一しょの友人に、横尾の岩小屋で、誰か来て話をしたのなどといって、

「馬鹿な。昭和の御代に？」

などといわれるのがシャクで、口の所迄出掛けるのを、ぐっと呑み込んで知らぬ顔をしておった。また感づかれるのも嫌なので、涸沢生活の用の多い事にまぎらせて、ごまかしてしまっていた。

ところが、それから一山終って里へ帰ってから、何かの時に、涸沢の話が出ている時、他の人が、横尾の岩小屋の、例の「出る」話を始めたら、この時の友人の口から、

「この前、横尾の岩小屋へ泊った時、どうも出たらしいよ」

と、出た話が聞かされるではないか。これを聞いて、今迄いいたいのを我慢していた私も、夜中に誰か焚火に当りに来て、確か涸沢の残雪の量などについて語ったような気がしたことを、それとなく口に出していった。

＊

これは多分昭和七年か八年の頃と思うが、当時まだ双六《すごろく》の小屋が無人小屋の頃の話である。槍ガ岳から笠ガ岳へと行く為に、この双六の小屋へ一夜泊った時のことである。夜中に目が覚めて、用を足しに小屋の外へ出ると、どうも人間が歩くような足音が五、六歩するような気がする。他にも一組同宿のグループが泊っていたりするので、足音だけがして他に何事も起らないのに、ねているほかの人達を起すのも一寸恥《ちよつと》かしかったりするので、独り黙って寝ていたが、他の人が外へ出ても、やはり五、六歩人の足音らしいものが、小屋の中迄かすかに伝わって来るのが、聞えるような気がする。

とはいっても皆が静かに眠っているらしいので、知らぬ顔で過してしまい、次の日は笠ガ岳から槍見温泉へと下り、又その次の日焼岳を越えて上高地へと帰る迄、同行の友人とは、この双六の足音についてては、一言もしゃべらずに過ぎてしまった。

この話も、後日里へ下ってから、何かの席で、「山での怪」の話が出た折に、

「双六小屋には足のある奴が出る」

という話がうわさされたので、私も一度足音を聞いた、この時の話をしたら、その時の友人もまた、

「実は俺も聞いたよ。あれは確かに人間の足音だぜ」

といって居った。

＊

当時学生であった私は、理窟の上では、横尾岩小屋や双六小屋での「山の怪」というようなことは信じない事にしながら、感情の方では、やはり夜中に確かに誰かと話をしたり、五、六歩足音を聞いた事を、認めない訳には行かなくて、一寸割り切れない思いを持っておった。友人仲間では「山の怪」の存在を否定する態度をとり、他の全然山に関係のない、山の話をめずらしがる人達には、「山の怪」が存在するように話しておったのである。

ところが、その後二十年程経ってから、涸沢の岩小屋で、夏中約百日程住んでみるようになってからは、横尾の岩小屋や双六小屋での事が、確かに存在する事が、ようやく解るようになって来た。

涸沢岩小屋に一夏住んでいると、最盛期の七月下旬から八月上旬頃は、涸沢の谷間中キャンプや登山の人達で、終日人声が聞えているが、九月の台風の訪れる頃ともなれば、如何に登山ブー

ムといわれるこの頃でも、人声一つしない、独り切りの日が幾日も続く。

ある秋のこと、夜中に独り用を達しに、岩小屋の東側へ五〇メートル程出て行くと、岩小屋のある辺りのゴンロ一が積み重って、急斜面になって、落ち込むようになったあたりで、真暗な中で、突然タンタンと人間が走るような足音が五、六歩聞えて、その後すっと暗《やみ》の中へ消えてしまった。一時はドキッとしたが、足音の消えた方向が、ナナカマドの生えている草付きのあたりなので、すぐこれは兎の足音だ、と気がついた。

確か、シートンの『動物記』で、兎の耳はお互いに連絡をとる、自分達の足音を聞く為のものだと、読んだ事があったが、岩小屋のこの時の足音は、突然斜面の上に現われた人間の姿に、直ぐ近くにいた兎が、仲間に足音で危険を知らせたのであろう。そういえば、下の小屋の金正屋のおじは、

「岩小屋の横の草付きの中には、兎がいる筈だが、ワナ掛けてみましょ」

と、私の顔を見れば、いった事を思い出した。

涸沢岩小屋で兎の足音に、おどかされて以来、昭和七、八年頃の双六小屋での夜中に聞いた「足音の怪」が、やっとのことで解って来たような気がする。

双六から三又蓮華へ掛けては、兎が深山ワナに掛る話をよく耳にするし、猟師のいう所によると、兎は人間の塩気が欲しくて、危険をおかして、人の居る所へ寄って来るとか。

例の双六小屋の時も、小屋のまわりの人間の捨てた塩分を採りに来て、夜中に人間が小屋から出て来たのを、兎が仲間に知らせる為の合図であった。トントントンを、人間の方では、

「ゆうれいの足音」

のように聞いてしまって、それが下界に降ると、尾ひれがついて来て、遂には怪談めいた話にと発展してしまうのであろう。

*

また、横尾の岩小屋での、ほうたいをまいた人が、夜中に山を語りに出る、というのも、涸沢の岩小屋に夏中何年も住んでみて、理由が解って来たような気がする。

というのは、横尾の岩小屋というものは、深いしらべの原始林の中にあって、あたりの条件が第一に怪談に向いている所へ、入口が屏風岩の方へと拡がって、雨はもらなくても、空気は外と同じように吹きぬけるので、夜は岩小屋の中で焚火を焚いてねむることとなる。さもなくても岩登り生活では、興奮の度が高くて、眠りは浅いのに加えて、どうしても地の上にじかに寝たり、火が消えると寒くなるので、夜中には誰かが時々起きては、火を焚く事となる。浅いねむりが、夢とうつつの間を行ったり来たりしているうちに、相手が起きて火を起しながらしゃべったのや、自分の見た夢などが、オーヴァラップして、翌朝目が覚める頃には、昨夜誰か来て火に当りながら、山を語ったということになってしまうらしい。

涸沢で岩登り生活を続けて一週間もすると、何年もくりかえして、馴れている筈のつもりが、いつでも、夜中に見る夢は、決って岩から落ちる夢であって、しまいには、隣に寝ている友人がねがえりを打つと、

「ハッ！」

と彼が墜落して行く夢を見たり、また重ねた足がはずれただけで、自分が岩から落ちた夢を見て、体中で、

「ドキン」

と目を覚ましたりするようになって来る。

ましで、こんな状態の時に、自分の血液の中で、一番原始的な面を湧き立たせる。岩小屋に寝るというようなことをすると、夢と現実とが完全にオーヴァラップして来る筈であって、同じ飯盒のめしを食って、同じザイルでむすび合うような、同一の条件下に置かれた、友達同士というものが同じような夢を見る事になるのであろう。期せずして同じような夢が、下界へ降ると、かすみというベールをかむって来て、或いはほうたいだらけの人となって語られたりすることになるのであろう。

一応安定した里の生活では――実際は、この頃の下界はより心身共に不安定である筈だが――直接生命をおびやかされることは、殆どないといえるのに、大きな自然の中で、特に凋沢のような岩山の中では、人間は自然の大きさに、自己の生命を圧迫されるものらしい。この岩山の中にある大きな岩の下に寝てみると、自然に人間の生命というものを語りたくなって来て、自分の生命が一番身近なものと感じられて来る。まして岩登りでは、この手この足に直接自分の生命が掛っているのであるから、外見は如何に強がってみても、生きている限り、生命を見つめないではいられない。この身近な生命が、「山の怪」を存在させるのであろうか。

谷川岳一ノ倉沢の怪

碓井徳蔵

戦後間も無い頃、谷川岳一ノ倉沢二ノ沢右俣に於いて二名のM大生がルートを取り違がえて滑落墜死した事件があった。この時に出動し援助に馳せ付けたのは私が所属していたH山岳会の第一線メンバーの人達で、その引下ろし作業中、時ならぬ雨に襲われ、遺体をハーケンビレーにして、急行下降中、遂に黄昏《たそが》れ沈みビバークの止む無きに至った。

出動人員は約十余名、その中でビバークを行った者は七名、その中の二名は私達よりやや離れた一本松下の岩場で、灌木に自己確保を行い、また私達五名は二ノ沢出合上部のスラブの中で悪条件の雨中に各自がハーケンを打って自己確保し、テラスの皆無の急斜面の中で、時は九月。谷川岳は九月中旬から十月には早ければ新雪の訪れがある。

テラスの皆無なビバークは雨具の持参せぬ私達にはつらく、歯の根が合わず、夜更けて歌など唄って、はげましてはいたが、その歌もつき、次には各自の名を呼び合い、遂には睡魔が襲い、気はしっかりしたつもりでも時がたつにつれ意識が知らぬ中《うち》に弱って来た。と間もなく誰かが星が見えている、明日は晴天だぞといいだした。併し未だ意識の明るいものがいて、「バカな雨の中で星など見えるものか」という。そしてまた各自の名を呼び合い、それに応え、間もなく沈黙――。とまた誰かが左方に大きなテラスがある。そこに行こう、何にもこんなスラブの中でブラ下っている事はない。テラスに行こう、という。全員がその方を見るとなるほど立派なテラスがあるので、気の早い者はビレーザイルを解こうと立上がる。ある者はカラビナをはずそうとかかる。併し、手がかじかみ思うような行動が出来ぬ中に、テラスは消えてもとの闇となった。完全な幻覚と分り今行った行動ににが笑いが起きた。

夜明け間近かになってスラブの上を上部に置き去って来た二名の遭難者が、各自アンザイレンをして連続で下降して行くのを再び見た。その二名のいる下は藪付きとなり、ススキが風にゆれていた。これは私の外に誰かが見た幻覚で、その時も思わず、人が歩いて行くと大声をはり上げた。併しこれを凝視していたら寸時にして消滅した。

やがて夜明けとなり、雨の中に二ノ沢の逆層のスラブが光り、急傾斜の面に水勢が躍り、下方の雪渓は大きく亀裂して不気味な口を開いていた。私達の全身は完全に濡れ、頭からしずくがたれていた。

この夜、もし私達がこの幻覚にまどい、アンザイレンを解き、カラビナをはずし、雨の中に行動を起したとしたら二重遭難は必至であった。また一本松下にビバークした仲間のTやK達が気になって来た。意識を呼びもどして下降にかかる。TやKは無事だった。併し彼らも二尺程もあろうと思われる登山靴が自分の草鞋を履いた足に変り、驚いた事や、味噌汁を持った女性の訪れに思わず立上がるとアンザイレンに引きもどされ、その女性は側にいた仲間であったとか、握飯が空中に踊っていたとか、祭の音が聞こえたとか、幻視、幻聴に大分まいっていたらしい。

　これを全員で検討して見ると、仲間の半数が出合の天幕に無事に着き、懸垂用ザイルや、固定ザイル撤収班がビバークとなり、遺体引下し作業中は一時でも早く終了し遺族にあわせ、風呂にでも入って帰京したいという意識もあり、そのため空腹も忘れ、ビバークに依って寒気を訴ったえている折から暖い味噌汁や足の冷を防ぐ登山靴、そして私達では完全なテラスが惜しかった為から来た幻覚であり、祭りの音は、風や雨、水勢の音に依って錯覚した幻聴であろう。

　その後私はこのような事件に二回程遭った。一つは衝立沢で台風の中で、もう一つは赤谷川で、それも暴風雨の中であったが、この時は錯覚も幻聴も幻覚も味わわず、最後には三千メートル級のジャンダルムの一角で厳冬期にビバークをしたがぐっすりねられた。

　また先逝者の霊が何ものかに訴えるのではないか。一ノ倉沢、二ノ沢といえば一ノ倉沢の遭難中、この沢はその半数を示しているといってもよい程余りにも犠牲者が多い。その中でも二ノ沢本谷は陰険で無気味な岩の感触に谷はシンセン尾根にせり上がる。この谷にはもう幾人かの先逝者が眠っている。また隣谷の右俣の右は遭難ルートとして余りにも有名だ。

　二ノ沢本谷は何故無気味な谷か、それは昭和十八年頃、誰という事なしに、私達一ノ倉沢に憧憬する岩壁巡礼者に伝わった話題の一つだった。また私の同輩であったK会のK君は、肩の小屋に借金のある者は二ノ沢に攀《よじ》るな、遭難するといって変な忠告を与えていた。

　二ノ沢本谷を登る者に限って何の忘れものをするとか、ハーケンを落すとか、中には怪我等するものもあり、この頃の二ノ沢本谷登高者には不思議な事が続き、本谷を登るものは慎重な行動をとっていたが、その登った人の例を二、三あげてみると実に面白くない事実がある。

私の先輩であるM氏はこの本谷での先逝者である石田、星（昭和十八年遭難）の両君にとわざわざ線香をもって登り、後で稜線に出て気付き、その碑の前に尻敷を忘れ、後日それをとりに登ったら尻敷はあったが今度はロックハンマーを忘れてきたとか、また岳友のO君が登攀中ハンマーを落してしまったとか、Y君は六〇メートルもつまらぬ所で落ち三ツ又下大棚上で停り九死に一生を得たとか、そんな気持で慎重に登ったT君が、忘れものが無く、しかもどこも怪我もなく稜線に出たら腰のバンドが何時《いつ》の間にか切れ落ち失っていたという事実、また岳友のU君は入営も間近かにせまり、送別山行を兼ねて仲間のB君とこの本谷に訪ずれ、不幸墜死した事も今の私には印象に残されている。

しかしその後私はこの一ノ倉を遠ざかり、穂高方面に足を向けていた故か、その後はこのような話もきかぬが、相変らず二ノ沢右俣では遭難者が出ている。もし二ノ沢本谷に登った方があるなれば出合より登り始めて、稜線の肩の小屋あたりまで来る間、何か変った事が無かったか反省してほしい。

登攀ルートとしてはそれ程難かしい程でも無いが中間部に懸る大滝は見るものにして、緊張とそして何か肌寒きものを感じさせる。併しこれが事実でなく、登攀者自身のミスであるとしても私としては余り気持よい思い出ではなかったが、大滝の登攀を終えて、稜線近くになり、安息した瞬間自然落石をうけて私の同行者であったSは眼鏡を割った。

谷川岳は清水隧道の工事に際し多くの犠牲者を出した。また魔の山として余りにも著名であり、今は新築され立派な山小屋にもなったが、あの土合山の家も昭和十九年の冬に思いがけぬ雪崩により倒壊された。だが私はこの谷川岳の登高は止めろというのではない。それは谷川岳は私にとって山岳技術のよき修道場であり、よき試練場であったばかりでなく、私達山仲間には忘れる事の出来ない印象が数多く残されているからだ。

私がこの谷川岳で味わった体験には私としても貴重なものがあり、技術的にも精神的にも青春をこの山へかけた。初秋の頂でNと共に観た不思議な青い火、今思えばそれは気象変化から来るセントエルモの火であるという事は知らず、頭の毛先から、小屋の屋根から、手の指先から、草木や尖った石から指導標からも不気味な青い火が一瞬にして燃えあがり、数分後に消えた想い出、熱くはなかったが全く驚ろいた事だった。

また昭和十九年九月、一ノ倉本谷左俣を登攀中に不幸滑落し、惨死した方の遺体を引揚げに肩の小屋より一ノ倉岳に向って行く途中、Bルンゼ頭附近で一ノ倉側に一つ、万太郎谷側に二つ、薄霧の中にブロッケンがあらわれた。

私は方々の山で一つだけのブロッケンは見た事は度々あったが、このように一度に三つも見た事は後にも先にもない。その時には遭難者は三名で二名は今日までも行方不明であり、一名だけの遺体が発見され、それがその方の霊と共に、何か訴えるものがあるように現れたという事は、私には今日までも不思議の一つとしている。これがたとえ気象的現象であり何も不思議がないと明瞭にされても、時が時、場所が場所だけに不可解なものがある。

土小屋の夜

畦地梅太郎

瓶ガ森山の小屋生活が、あまりに快適だったので、予定を狂わすほど泊りこんでしまった。食糧がこのさきだいぶ不足しそうなので、それに気がつくと、早々にわたしは小屋を引揚げた。

瓶ガ森山と、石鎚山の間の縦走路は、営林署が切開いたものだという。上り下りがなく、平坦で、どこまでも国境の背稜を歩かせた。その道は、明るく見通しがきいて、常に前方には、石鎚山の岩塊が眺められ、左に土佐の山波を見おろした。石鎚の小屋までは三里ときいていた。道草を食い、ゆっくり歩いても、六時間もかかれば、石鎚の小屋へつくはずと思っていた。

陽ざしが弱まって、だいぶ陽も西にかたむいたので、急がないといけないと気づいたとき、手箱山、筒上山を経て、土佐から登ってきた登山道と合流する地点に出た。そこは、もう国境からはるかに、伊予の側にはいりこんだ位置で、加茂川と、面河《おもご》渓《けい》の支流の分水嶺だ。馬の背のような場所に、土小屋という小屋が、ぽつんと淋しく建っていた。石鎚参りの行者姿の登山者が、身軽い足どりで降りてきた。この時間では、石鎚までは無理だといった。自分は慣れているから夜道をかけて、土佐の村里まで下るのだといった。タバコを一本所望したら、朝日をさあさあといって出してくれた。

　わたしは、土小屋に泊ることにきめた。雨戸もない土間に、はいってみると、二階もある部屋は、だだっ広くて、ひと目で見渡せ、奥の方からしめっぽいかびの臭いが、ぷうんとにおってきた。お山開きのころに使ったものと思われる一升びんや空カンが土間に散らばっていて、シーズンをはずれた山小屋のいぎたなさが、不気味なほど部屋いっぱいにひろがっていた。

　小屋のそばには、よくもこんな場所にと思われる灌木の繁みの中に、ちょろちょろと、したたり落ちる水場があった。その水を汲みためて、わたしは夕飯の仕度をした。だだっ広い部屋に、ぽつんと一人寝るのがなんとなく不気味だったので、土間にわたしは天幕を張った。小さな天幕の中へ持物をみんな運びこんで、わたしはその中に坐りこんだ。布地一重で、不気味な小屋の空気をさえぎったつもりだ。そうしてみると、天幕の布地も固いコンクリートとも感じられ、なんとなく安全感がえられて、わたしはほっとした。いつの間にか、わたしはうとうとと眠りこんでいたらしい。小屋の外の樹の枝をゆすぶる、ひどい家鳴りに目がさめた。外は強い風が吹いていた。古い小屋だから、木組も弱っているらしい。ゆさりゆさりとゆれて、きしむ音が物凄く不気味だ。消え残ったローソクの芯をかきたてて明るくした。腹ばいになって目をつむり耳をすました。妖怪変化の類が、二階の暗がりから、にゅうーッと出るなどとは思わぬが、小屋の名の土小屋は物語の土グモに語呂が似て気味がわるい。子供のころ読んだおばけの本や、おばけカルタの一本足のからかさや一ツ目小僧の絵が、一枚一枚めぐるように、わたしの頭の中をかけめぐった。それをふるい消そうとすればするほど、妄念はますますつのるばかりであった。

不気味な家鳴りとともに、鳴り物入りの三味線がきこえてきた。と、思うとたんに、突然、二階の座を突きやぶって、わたしの鼻っ先へ毛むくじゃらのでっかい一本足が、ぶらさがった。

わたしは、妄念に悩みつかれて眠りこんでいたらしい。それは夢だった。

ローソクも消えて暗い天幕の中で、手さぐりでローソクをさがしだし、ふたたび灯をつけた。枕元に鈍く光っている鉈《なた》を握りしめた。そして、夢中で握ったことに気がついて、わたしは一人で照れた。

ある短い冬の旅

辻まこと

閉山したという話だったが、錆沢に下りてみたら新雪に覆われた一つの屋根の煙突から煙があがっていた。

ちょうど昼だったから火のそばでオベントウにする方がいいとおもった。スキーを外して戸の外から声を掛けたら二、三人の返事があった。老若六人の鉱夫らしい連中もストーブをかこんで食事中だった。

――へえ登山かね、この雪の中を物好きなものだなあ。

それでも親切に火のそばに席をあけて、熱い番茶を私の瀬戸引きのカップにさしてくれた。

――閉山ときいたんで、もう人はいないかとおもっていました。

――山は閉めたんだが、まだ引揚げてない材料があったんで片付けに残されたわけだが、それももう終ったんでトラックをまってるんだ、それよりアンタはこれから下へ行くんかね？

――いや、峠を越して会津か越後かまだきめてないのですが、まあ今晩河原小屋へ着いてから考えようとおもって……。

——河原小屋はいま無人だぜ。

とそのとき隅にいた若者がいった。

——いや無人ということはない。すぐ戻るといってたから、もう小屋にいるころだ。

それまで話していた中年の頭領株らしい男が、そばからすぐ否定した。

——もし無人でも仕方がないですよ、そしたら一寸足を延して山根の出小屋あたりで無断宿泊させてもらいますから……。

——出小屋ねえ……あすこへ行ったら気をつけた方がいい、化物がいるから……。

また別の一人が横からそういうと、残りの男たちの表情にある複雑な反応が現れた。不愉快な笑いのようなものが……。

河原小屋に煙はなかった。踏跡のない前の広場にまっすぐなシュプールを残して、私は再び森へ踏込んだ。

晴れた空に星の数が増し、足下の雪の様子がおぼろげになった頃、山根の開墾台地についた。出小屋の一軒の窓にランプの灯が見える。

出小屋は十キロ下の煎石部落の人達が遠い開墾地のために夏場だけ泊込む、いわば夏の小屋なのだ。越年するものがあるとはおもっていなかった。

——コンバンワ！　コンバンワ！

何度声を掛けても一向に返事がない。あきらめて再びスキーを着けていたら戸が開いて
——誰だ！

と声がした。女の声だ。私のいうことを信じたらしく内へ入れてくれた。大きなイロリのある三坪ほどの板の間の横は土間になっていて、木工の材料や道具が散らばっていた。ザックから米の袋をだして炊いてもらった。まだ若い娘のほかにその母親らしいがっしりした女性がいた。風呂をどうぞといわれて、そんな期待のなかった私は驚いた。出小屋から続いた裏手に風呂場があった。何の植物か乾燥した草の葉が湯に混ぜてあってなんともいえない爽やかな香りがした。男には持ち得ない微妙なセンスだなと不思議な、しかし楽しい気分になった。

――ここでこんなに暖い一晩を過せるとはおもっていませんでした。

と私は二人に礼をのべた。そして錆沢で鉱夫が私に告げた話をした。食事が済んでから母親がいった。

――あの男達は鉱夫ではありません。盗賊です。雪が降ってトラックが入れなくなったので、安心して残された資材、鉄索や針金やアングルを盗みに入っているのです。あなたが峠を越えるというので安心したのでしょう。それにしても何も盗まれなくてよかったですね、酒に酔ってここへもやってきたことがありました。娘が鎌で脚をそいだのが一人、私が息子の弓で山鳥の羽根を射込んでやった男が一人いたはずです。

ニコリともしないで彼女はいうのだった。

寝袋にくるまって破目板に向いて眠った。その破目板には雑誌から切抜いたらしいスターたちの写真がのりで貼りつけられていた。ほのぐらいランプの光の中で、彼らは微笑しながら揺れていた。

下り一方、雪の調子もよくて翌日の日暮には四十キロ下の大狩野の町に着いてしまった。バスの待合室で煎石の脇本陣の主人に会った。

――出小屋には村のものはいる筈はない。じゃあまた山の者が泊込んでるだなあ、亭主がいたら身ぐるみはがされて、今頃はオロクジだったかも知れなかったね、運のいいことだ。

盗賊や山窩から同胞あつかいされたとおもうと私はとても嬉しかった。

ブロッケンの妖異

新田次郎

ブロッケンの妖怪は山の頂上で、ごくまれに見られる光学現象の一種である。ブロッケン山（ドイツ）の頂上でよく見られるのでこの言葉が生れたといわれる。頂上に立って太陽を背に負った時、前面の雲、または霧にうつる自分の影が妖怪に見られ、わが国では仏の御光《ごこう》といって山の信仰の上に、大いに霊験あらたかなものとしていた。

富士山頂観測所が剣ヶ峰に移転した二十年も前のある冬のこと、私は観測員五人のメンバーの一員として、来る日も来る日も氷と風と戦いながら、荒っぽい生活をしていた。娯楽といったら、トランプをしたり、本を読んだりするくらいのもので、ラジオも電源を節約するためにニュース以外は聞かれない生活であった。しかしこの日本の最高峰に現われる気象現象が、峻烈敏速であるためと、これを観測するわれわれは常に生命の危険を感じての緊張があったから、下界の人が考えているように、淋しいとか、つらいとか、そういったことを考える余裕はあまりなかった。三七七六メートルのここでは気圧の低いために、ちょっとした労働をしても非常な体力の消耗をきたし、従って全員食欲は旺盛であり、よく眠れた。四十日間、一度もフロに入れないことが一番つらいことであったが、馴れるとそう気にならなくなるし、五人の男以外の人間がいないから、別にヒゲをそる必要もなく、この点、独身者ばかりのわれわれにとっては下界より住みよいともいえた。ただ野菜が食べられないことは苦痛であった。悪天候が続いて、交代要員とともに強力《ごうりき》の背によって運ばれる野菜が、おくれるとなると、われわれは捨てないでとっておいたミカンの皮を食べることもあった。主要食糧はすべて夏の間に持ち上げられていたから、このほうの心配は要らなかった。

山頂では常に二十メートル近い強風が吹いていたし、一夜で岩石のかたちを変える霧氷の創作は、われわれの眼を楽しませてくれた。観測所は厚い真白な霧氷におおわれて、朝日を受けると崇厳な輝きを発し、月の夜には子供のころ読んだ、王様の住む御殿の幻想が事実となって再現された。どうかすると、地球上の風の流れが一せいにストライキを起したように、ぴたりと止むことがあった。こういう時が、月の夜だったりすると、静かすぎるために、かえって眠れないで困った。

夏の間は一日に数千人もの人が訪れることのある富士山も、一度雪におおわれると、ほとんど人を寄せつけなくなる。観測所を訪れる登山家も時にはあるが、それは相当名の売れた登山家か、全然この山の恐ろしさを知らないでくる無鉄砲な山登りにきまっていた。前者は完全な装備をして、梶君とか小見山君とか、山崎君とか、当時富士山に関しては一流といわれる山案内人を連れてくるから心配はないが、無鉄砲組は不完全な装備で、たいがいは案内人を連れてこない。一冬に、数名以上もの犠牲者を出すような遭難が起きるのはこんな場合である。

この日の天気はごくありふれたもので、風速は二十数メートルを記録していた。自記風速計のペンが自記紙上を走る速度に追い回されるように、観測者は毎時の電報を無線電信で中央気象台に報じ、手のあいたものは、エンジンを起動させて、電池に充電させていた。この日一人の登山者が観測所を訪れた。エンジンの冷却用のための霧氷を取りに出た私が、観測所の入口に突立っている登山者を認めたとき、この男が投げかけてきた言葉は今でも私の耳に残っている。

「泊めてくれますかね」

そういいながら男は、ウインドヤッケ（防風衣）の頭巾を取り、雪眼鏡をはずした。ポマードに光った頭と、ヒゲのそり跡が青かった。われわれとはちがう下界の人の顔であった。一見して、装具は完全だが、新しいから、この男が山にかけて初心者を思わせた。

「……ここは観測所で宿屋ではありませんが、……あなたは……」

といいかけて私はこの男がルックザックを背負っていないことに気がついた。大変なお客様を迎えたものだと思った。観測所は限られた人員と予算で運営されているから、すべてに余裕というものがなかった。食糧の箱には一つ一つに番号が打ってあって、許された以上に手をつけることはできない。が、天候と登山者の疲労の状況によっては泊めてやらねばならない。

「泊めてくれないんですか」

男は私が返事をすぐしないのが気にさわったのか、雪眼鏡をかけて、ウインドヤッケの頭巾をかぶり、ピッケルを握った。まあまあとにかくお入りなさいと、私は男を観測所に入れてやった。ストーブの傍で解くアイゼンの紐は凍っていた。熱い紅茶を出して、男の落着くのを待って、何処から登って来たかと聞くと、吉田口だと答える。雪中富士登山に吉田口を選ぶのはよほどの達人でないと無理である。それに単独行をあえてしたこの男の行動に、われわれは顔を見合せた。こういった無鉄砲の男にかぎり、饒舌で、富士山なんか屁とも思わないような広言を吐くのだが、この男は不思議に無口だし、お茶を飲んで落着くと、われわれと、われわれの仕事に興味を持って聞きたがる常の登山者とも異っていた。ルックザックのないのは、八合目で強風に遭った時、ルックザックに受ける風圧が耐え難いものだから捨てたと答え、平然としていた。しばらく休むとこの男は、

「泊めてくれなけりゃあ、下るとしようか」

そういって腕時計を見た。午後の一時であった。とうてい山を降りられる時間でもないし、こんな危険な人物をはなしてやるわけにもいかなかった。われわれは下山が困難なことを男に話して、彼のために寝室を整備してやった。

この客は一晩、観測所の厄介になって、翌朝、われわれの注意を聞いて、危険の少ない御殿場口へ下ることになった。私はこの男が拒絶するのもかまわず、無理に私のルックザックを背負わせ、二日分の食糧を入れてやった。男は観測所を去る時、たいして有難かったような顔も見せず、ポケットから十円紙幣の束を出して、われわれの前につき出した。受取ることができないとことわると、

「どうせ持っていっても用のないものだが……」

そういいながら、ポケットへねじ込んで観測所を出て行った。男の姿が剣ヶ峰から、三島岳の

方向に延びる雪の稜線に消えていくのを見送って観測所へ入ると、その私を待っていたように電話機のベルが鳴った。御殿場の宿との直通電話である。夏の間だけは使用できて、冬になると、氷雪のために電線が切れて使用不能になっていたが、ときとすると突然この電話が使えることがある。大てい異常高温のために氷が解けたり、切れた電線が風のいたずらで接触したりする。そういった偶発的な原因によるものであった。先に旧知の宿の主人が出て、かわって若い女の声が聞えた。昨夜泊った男の安否の問合せであった。今、山を下ったばかりだと答えると、

「お願いです、すぐ、すぐ後を追いかけて、引止めて下さい。あの人は、あの人は……」

女の声は電話にかみつくような声だったが、それだけで、プツンと電話が切れて、いくら呼んでも応答はなかった。

私は完全な装備をして、すぐ男の後を追って、御殿場口の見える岩の上に立ったが、すでに彼の姿は私の視界から消えていた。私自身のアイゼンが氷面に喰いこむキュッ、キュッという音が無気味だった。

午後になって、霧が山頂めざしてはい上ってきた。この濃霧に包まれると観測所は夜のように暗くなる。こういった霧の去来が、夕方に近くなると落着きを見せて、八合目下に雲海ができあがった。太陽がその雲の海に沈みかけた時、雲海の一部が千切れて頂上にやってきた。薄い霧であった。

剣ヶ峰の頂上に太陽を背にして私がブロッケンの妖怪を認めたのは、この時であった。いろどられた三重の光輪を背にした巨人が、久須志《くすし》岳の上に立った光景は、しばらくの間、自然現象を

観測する職業である自分を忘れさせるほど、現実離れのしたものであった。これはこの世で見られる最上の美観であったし、私の生れて初めて見る怪異でもあった。巨人は私自身の映像が氷霧のスクリーンに拡大されたものであることは知っていたが、現象と観念とは全然別なところに置かれ、私はそのブロッケンの巨人に圧伏された小さい人間として、かたずをのんで現象の推移を眺めていた。

私の叫び声で同僚が出てきて、写真を取る準備にかかった時、巨人の姿が動き出した。五色の光輪は一色の光輪となり、やがて色彩が薄れかかると、巨人の姿がぼけて、そこにはあいまいな形ではあったが、十字架が現われて瞬間に消えた。ほんの数分間の出来事だった。現象が消えると、にわかに風が出て、もうそこに私は止まることはできなくなった。

有名な登山家ウィンパーがアルプスで同行者の墜死の直後に見たという、十字架もこういったものであったかも知れない。怪異と断ずるには当らないかも知れないが、この朝観測所を出発した男は、われわれが御殿場口に下降するようにすすめたのにもかかわらず、吉田口に向って降りたために、突風に足をさらわれて氷壁をすべり落ちて、惨死体となって発見された。その数日後のことであった。私のルックザックは、頂上の神社の陰に置いてあった。

われわれはこの男が、ごくまれにみる自殺登山者だったかどうかの問題について、彼が観測所来訪者名簿に書き残した記事を、もう一度開いてみた。

どこにも私を泊めてくれるところはない

海底の水圧に耐えるよりも
稀薄な空気の方が
昇華するには踏み切り易いというものか

電話をかけてきた女と、この男の関係も、特にこの紙面でくどくどと書くほどのこともあるまいが、東京に帰ってから一度、この女が私に会いたいと電話をかけてきただけで、ついに会う機会をなくしてしまった。
山の本にブロッケンの妖怪を見たという記事を読むにつけて、私は二十年前のあの男の顔を思い出す。ブロッケンの妖怪と、男の死とはなんの関係もないことだが、強く印象づけられたこの二つの事象は終生私の念頭から消えないであろう。

（昭和二十八年）

観画談

幸田露伴

ずっと前の事であるが、ある人から気味合《きみあい》の妙な談《はなし》を聞いたことがある。そしてその話を今だに忘れていないが、人名や地名は今は既に林間の焚火《たきび》の煙のように、どこか知らぬところに逸《いっ》し去っている。

話をしてくれた人の友達に某甲《なにがし》という男があった。その男は極めて普通人型の出来の好い方で、晩学ではあったが大学も二年生まで漕《こ》ぎ付けた。というものはその男が最初甚《はなは》だしい貧家に生れたので、思うように師を得て学に就くという訳には出来なかったので、田舎《いなか》の小学を卒《お》えると、やがて自活生活に入って、小学の教師の手伝《てつだい》をしたり、村役場の小役人みたようなことをしたり、いろいろ困苦勤勉の雛型その物のごとき月日を送りながらに、自分の勉強をすること幾年《いくとせ》であった結果、学問もだんだん進んで来るし人にもだんだん認められて来たので、いくらか手蔓《てづる》も出来て、ついに上京して、やはり立志篇的の苦辛の日を重ねつつ、大学にも入ることを得るに至ったので、それで同窓中では最年長者――どころでは無い、五ツも六ツも年上であったのである。蟻が塔を造るような遅々《ちち》たる行動を生真面目に取って来たのであるから、浮世の応酬に疲れた皺《しわ》をもう額《ひたい》に畳んで、心の中にも他の学生にはまだ出来ておらぬ細かい襞積《ひだ》が出来ているのであった。しかし大学に在る間だけの費用を支えるだけの貯金は、恐ろしい倹約と勤勉とで作り上げていたので、当人は初めて真の学生になり得たような気がして、実に清浄純粋な、いじらしい愉悦と衿持とを抱いて、余念も無しに碩学《せきがく》の講義を聴いたり、豊富な図書館に入ったり、雑事に侵されない朝夕の時間の中に身を置いて十分に勉強することの出来るのを何よりも嬉しいことに思いながら、いわゆる「勉学の佳趣《かしゅ》」に浸《ひた》り得ることを満足に感じていた。そして他の若い無邪気な同窓生から大器晩成先生などという諢名《あだな》、それは年齢の相違と年寄じみた態度とから与えられた諢名を、臆病臭い微笑でもって甘受しつつ、平然として独自一個の地歩を占めつつ在学した。実際大器晩成先生の在学態度は、その同窓間の無邪気な、言い換れば低級でかつ無意味な飲食の交際や、活潑な、言い換れば青年的勇気の漏洩《ろうえい》に過ぎぬ運動遊戯の交際に外れることを除けば、何人《なんぴと》にも非難さるべきところの無い立派なものであった。で、自然と同窓生もこの人を仲間はずれにはしながらも内々は尊敬するようになって、甚だしい茶目吉《ちゃめきち》一二人のほかは、無言の同情を寄せるに吝《やぶさか》では無かった。

ところが晩成先生は、多年の勤苦が酬《むく》いられて前途の平坦光明が望見せらるるようになった気の弛《ゆる》みのためか、あるいは少し度の過ぎた勉学のためか何か知らぬが気の毒にも不明の病気に襲われた。その頃は世間に神経衰弱という病名が甫《はじ》めて知られ出した時分であったのだが、真にいわゆる神経衰弱であったか、あるいは真に慢性胃病であったか、とにかく医博士達の診断も朦朧《もうろう》で、人によって異る不明の病に襲われてだんだん衰弱した。切詰めた予算だけしか有しておらぬことであるから、当人は人一倍困悶したが、どうも病気には勝てぬことであるから、しばらく学事を抛擲して心身の保養に力《つと》めるがよいとの勧告に従って、そこで山水清閑の地に活気の充ちた天地の灝気《こうき》を吸うべく東京の塵埃《じんあい》を背後《うしろ》にした。

伊豆や相模の歓楽郷兼保養地に遊ぶほどの余裕のある身分では無いから、房総海岸を最初は撰んだが、海岸はどうも騒雑《そうざつ》の気味があるので晩成先生の心に染まなかった。さればとて故郷の平《へい》蕪《ぶ》の村落に病軀を持帰るのも厭《いと》わしかったと見えて、野州上州の山地や温泉地に一日二日あるいは三日五日と、それこそ白雲の風に漂い、秋葉《しゅうよう》の空に飄《ひるがえ》るがごとくに、ぶらりぶらりとした身の中に、もだもだする心を抱きながら、毛嬬子《けじゅす》の大洋傘《おおこうもり》に色の褪せた制服、丈夫一点張りのボックスの靴という扮装《いでたち》で、五里七里歩く日もあれば、また汽車で十里二十里歩く日もある、取止めのない漫遊の旅を続けた。

憫《あわれ》むべし晩成先生、嚢中自有レ銭《のうちゅうおのずからせんあり》という身分では無いから、随分切詰めた懐《ふところ》でもって、物価の高くない地方、贅沢気味の無い宿屋宿屋を渡りあるいて、また機会や因縁があれば、客を愛する豪家や心置無《こころおきな》い山寺なぞをも手頼《たよ》って、ついに福島県宮城県も出抜けて奥州のある辺僻《へんぺき》の山中へ入ってしまった。先生ごく真面目な男なので、俳句なぞは薄生意気な不良老年の玩物《おもちゃ》だと思っており、小説稗史《はいし》などを読むことは罪悪のごとく考えており、徒然草をさえ、余り良いものじゃ無い、と評したというほどだから、随分退屈な旅だったろうが、それでもまだしも仕合せな事には少しばかり漢詩を作るので、それを唯一の旅中の楽《たのしみ》にして、踽々然《くくぜん》として夕陽《せきよう》の山路や暁風《ぎょうふう》の草径《そうけい》をあるき廻ったのである。

秋は早い奥州のある山間、何でも南部領とかで、大街道とは二日路《ふつかじ》も三日路《みつかじ》も横へ折れ込んだ途方も無い僻村《へきそん》のある寺を心ざして、その男は鶴のごとくに癯《や》せた病軀を運んだ。それは旅中で知合《しりあい》になった遊歴者、その時分は折節《おりふし》そういう人が有ったもので、律詩の一二章も座上で作ることが出来て、ちょっと米法山水《べいほうさんすい》や懐素《かいそ》くさい草書で白ぶすまを汚せる位の器用さを持ったのを資本《もとで》に、旅から旅を先生顔で渡りあるく人物に教えられたからである。君はそういう訳で歩いているなら、これこれの処にこういう寺がある、由緒は良くても今は貧之寺だが、その寺の境内に小さな滝が有って、その滝の水は無類の霊泉である。養老の霊泉は知らぬが、随分響き渡ったもので、二十里三十里をわざわざその滝へかかりに行くものもあり、また滝へ直接《じか》にかかれぬものは、寺の傍の民家に頼んでその水を汲んで湯を立てて貰って浴する者もあるが、不思議に長病が治ったり、特に医者に分らぬ正体の不明な病気などは治るということであって、語り伝えた現《げん》の証拠はいくらでも有る。君の病気は東京の名医達が遊んでいたら治るといい、君もまた遊び気分で飛んでも無い田舎などをノソノソと歩いている位だから、とてもの事にそこへ遊んで見たまえ。住持《じゅうじ》といっても木綿の法衣《ころも》に襷《たすき》を掛けて芋畑麦畑で肥柄杓《こえびしゃく》を振廻すような気の置けない奴、それとその弟子の二歳坊主が居るきりだから、日に二十銭か三十銭も出したら寺へ泊めてもくれるだろう。古びて歪んではいるが、座敷なんぞはさすがに悪くないから、そこへ陣取って、毎日風呂を立てさせて遊んでいたら妙だろう。景色もこれという事は無いが、幽邃《ゆうすい》でなかなか住いところだ。という委細の談を聞いて、何となく気が進んだので、考えて見る段になれば随分頓興《とんきょう》で物好《ものずき》なことだが、わざわざ教えられたその寺を心当《こころあて》に山の中へ入り込んだのである。

路《みち》はかなりの大《おおき》さの渓に沿って上って行くのであった。両岸の山はある時は右が遠ざかったり左が遠ざかったり、またある時は右が迫って来たり左が迫って来たり、時に両方が迫って来て、一水遥《はるか》に遠く巨巌の下に白泡を立てて沸《たぎ》り流れたりした。ある場処は路が対岸に移るようになっているために、危《あやう》い略彴《まるきばし》が目の眩《くるめ》くような急流に架っているのを渡ったり、またしばらくして同じようなのを渡り反《かえ》ったりして進んだ。恐ろしい大きな高い巌《いわ》が前途《ゆくて》に横たわっていて、あのさきへ行くのかしらんと疑われるような覚束《おぼつか》ない路を辿って行くと、辛うじてその岩岨《いわそば》に線《いと》のような道が付いていて、是非無くも蟻のごとく蟹のごとくになりながら通り過ぎてはホッと息を吐《つ》くことも有って、何だってこんな人にも行会わぬいわゆる僻地窮境に来たことかと、いささか後悔する気味にもならざるを得ないで、薄暗いほどに茂った大樹の蔭に憩いながら明るく無い心持の沈黙を続けていると、ヒーッ、頭の上から名を知らぬ禽《とり》が意味の分らぬ歌を投げ落したりした。

路がようやく緩くなると、対岸は馬鹿馬鹿しく高い巌壁になっているその下を川が流れて、こちらは山が自然に開けて、少しばかり山畠《やまばたけ》が段々を成して見え、粟《あわ》や黍《きび》が穂を垂れているかとおもえば、兎に荒されたらしい至って不景気な豆畠に、もう葉を失って枯れ黒んだ豆がショボショボと泣きそうな姿をして立っていたりして、そのむこうに古ぼけた勾配の急な茅屋《かやや》が二軒三軒と飛び飛びに物悲しく見えた。天《そら》はさっきから薄暗くなっていたが、サーッというやや寒い風が下して来たかと見る間に、楢《なら》や槲《かしわ》の黄色な葉が空からばらついて降って来ると同時に、木《こ》の葉の雨ばかりでは無く、ほん物の雨もはらはらと遣《や》って来た。渓の上手《かみて》の方を見あげると、薄白い雲がずんずんと押して来て、瞬《またた》く間に峰巒《ほうらん》を蝕《むしば》み、巌を蝕み、松を蝕み、たちまちもう対岸の高い巌壁をも絵心に蝕んで、好い景色を見せてくれるのは好かったが、その雲が今開いてさしかざした蝙蝠傘《こうもり》の上にまで蔽いかぶさったかと思うほど低く這下《はいさが》って来ると、堪《たま》らない、ザアッという本降りになって、林木《りんぼく》も声を合せて、何の事は無いこの山中に入って来た他国者をいじめでもするように襲った。晩成先生もさすがに慌て心になって少し駆け出したが、幸い取付きの農家はすぐに間近だったから、トットットッと走り着いて、農家の常の土間へ飛び込むと、傘が触って入口の檐《のき》に竿を横たえて懸け吊してあった玉蜀黍《とうもろこし》の一把《わ》をバタリと落した途端に、土間の隅の臼のあたりにかがんでいたらしい白い庭鳥《にわとり》が二三羽キャキャッと驚いた声を出して走り出した。

何だナ、

と鈍い声をして、土間の左側の茶の間から首を出したのは、六十か七十か知れぬ白髪の油気の無い、火を付けたら心よく燃えそうに乱れ立ったモヤモヤ頭な婆さんで、皺だらけの黄色い顔の婆さんだった。キマリが悪くて、傘を搾《すぼ》めながらちょっと会釈して、寺の在処《ありか》を尋ねた晩成先生の頭上から、じたじた水の垂れる傘のさきまでを見た婆さんは、それでもこの辺には見慣れぬ金《きん》釦《ボタン》の黒い洋服に尊敬を表して、何一つ咎立《とがめだて》がましいことも云わずに、

上へ上へと行けば、じねんにお寺の前へ出ます、ここは云わば門前村ですから、人家さえ出抜ければ、すぐお寺で。

礼を云って大器氏はその家を出た。雨はいよいよ甚《ひど》くなった。傘を拡げながら振返って見ると、木彫のような顔をした婆さんはまだこちらを見ていたが、妙にその顔が眼にしみ付いた。

間遠《まどお》に立っている七八軒の家の前を過ぎた。どの家も人が居ないように岑閑《しんかん》としていた。そこ

を出抜けるとなるほど寺の門が見えた。瓦《かわら》に草が生えている、それが今雨に湿《ぬ》れているので甚く古びて重そうに見えるが、とにかくかなりその昔の立派さが偲《しの》ばれると同時に今の甲斐無《かいな》さが明らかに現われているのであった。門を入ると寺内は思いのほかに廓落《からり》と闊《ひろ》くて、松だか杉だか知らぬが恐ろしい大きな木が有ったのを今より何年か前に斫《き》ったと見えて、大きな切株の跡の上を、今降りつつある雨がおとずれてそこにそういうものの有ることを見せていた。右手に鐘楼が有って、小高い基礎《いしずえ》の周囲には風が吹寄せた木の葉が黄色くまたは赭く湿れ色を見せており、中ぐらいな大《おお》きさの鐘が、ようやく逼《せま》る暮色《ぼしょく》の中に、裾は緑青《ろくしょう》の吹いた明るさと、竜頭《りゅうず》の方は薄暗さの中に入っている一種の物々しさを示して寂寞《じゃくまく》と懸《かか》っていた。これだけの寺だから屋《や》の棟の高い本堂が見えそうなものだが、それは回禄《かいろく》したのかどうか知らぬが眼に入らなくて、小高い処に庫裡様《くりよう》の建物があった。それを目ざして進むと、ちょうど本堂仏殿の在りそうな位置のところに礎石が幾箇《いくつ》ともなく見えて、親切な雨が降る度《たび》に訪問するのであろう今もその訪問に接して感謝の嬉し涙を溢らせているように、柱の根入《ねい》りの窠《あな》に水を湛《たた》えているのがよく見えた。境内の変にからりとしている訳もこれで合点《がてん》が行って、有るべきものが亡《う》せているのだなと思いながら、庫裡へと入った。正面はぴったりと大きな雨戸が鎖《とざ》されていたから、台所口のような処が明いていたまま入ると、馬鹿にただ闊い土間で、土間の向う隅には大きな土竈《へっつい》が見え、つい入口近くには土だらけの腐ったような草履《ぞうり》が二足ばかり、古い下駄が二三足、特《こと》に歯の抜けた下駄の一ツがひっくり返って腹を出して死んだようにころがっていたのが、晩成先生のわびしい思《おもい》を誘った。

頼む、

と余り大きくは無い声で云ったのだが、がらんとした広土間に響いた。しかしそのために塵《ちり》一ツ動きもせず、何の音も無く静《しずか》であった。外にはサアッと雨が降っている。

頼む、

と再び呼んだ。声は響いた。答は無い。サアッと雨が降っている。

頼む、

と三たび呼んだ。声は呼んだその人の耳へ反《かえ》って響いた。しかし答はどこからも起らなかった。外はただサアッと雨が降っている。

頼む。

また呼んだ。例のごとくややしばし音沙汰が無かった。少し焦《じ》れ気味になって、また呼ぼうとした時、鼬《いたち》か大鼠かがどこかで動いたような音がした。するとやがて人の気《け》はいがして、左方の上り段の上に閉じられていた間延《まの》びのした大きな障子が、がたがたと開かれて、鼠木綿《ねずみもめん》が斑汚《むらよご》れした着付に、白が鼠になった帯をぐるぐるといわゆる坊主巻に巻いた、五分苅《ごぶがり》では無い五分生《は》えに生えた頭の十八か九の書生のような僮僕《どうぼく》のような若僧が出て来た。晩成先生も大分《だいぶ》遊歴に慣れて来たので、ここで宿泊謝絶などを食わせられては堪らぬと思うので、ずんずんと来意を要領よく話して、白紙に包んだ多少銭《なにがし》かを押付けるように渡してしまった。若僧はそれでも坊主らしく、

しばらく、

と、しかつめらしく挨拶を保留しておいて奥へ入った。奥は大分深いかして何の音も聞えて来ぬ、シーンとしている。外では雨がサアッと降っている。

土間の中の異った方で音がしたと思うと、若僧は別の口から土間へ下りて、小盥《こだらい》へ水を汲んで持って来た。

マ、とにかくおすすぎをなさってお上りなさいまし。

しめたと思って晩成先生泥靴を脱ぎ足を洗って導かるるままに通った。入口の室《へや》は茶の間と見えて大きな炉が切ってある十五六畳の室であった。そこを通り抜けて、一畳幅に五畳か六畳を長く敷いた入側《いりかわ》みたような薄暗い部屋を通ったが、茶の間でもその部屋でも処々で、足踏《あしぶみ》につれてポコポコと弛んで浮いている根太板《ねだいた》のヘンな音がした。

通されたのは十畳位の室で、そこには大きな矮《ひく》い机を横にしてこちらへ向直っていた四十ばかりの日に焦《や》けて赭《あか》い顔の丈夫そうなズク入《にゅう》が、赤や紫の見える可笑《おか》しいほど華美《はで》ではあるがしかしもう古びかえった馬鹿に大きくて厚い蒲団の上に、小さな円い眼を出来るだけ睜開《そうかい》してムンズと坐り込んでいた。麦藁帽子を冠《かぶ》らせたら頂上《てっぺん》で踊《おどり》を踊りそうなビリケン頭によく実が入っていて、これも一分苅では無い一分生えの髪に、厚皮らしい赭い地が透いて見えた。そしてその割合に小さくて素敵に堅そうな首を、発達の好い丸々と肥った豚のような闊い肩の上にシッカリすげ込んだようにして、ヒョロヒョロと風の柳のように室へ入り込んだ大器氏に対《むか》って、一刀《いっとう》をピタリと片身《かたみ》青眼《せいがん》に擬《つ》けたという工合に手丈夫《てじょうぶ》な視線を投げかけた。晩成先生いささかたじろいだが、元来正直な君子で仁者敵無しであるから驚くことも無い、平然として坐って、来意を手短に述べて、それからここを教えてくれた遊歴者の噂をした。和尚はその姓名を聞くと、合点が行ったのかして、急にくつろいだ様子になって、アア、あの風吹烏《かざふきがらす》から聞いておいでなさったかい。ようござる、いつまででもおいでなさい。何室《どこ》でも明いている部屋に勝手に陣取らっしゃい、その代り雨は少し漏るかも知れんよ。夜具はいくらもある、綿は堅いがナ。馳走はせん、主客平等と思わっしゃい。蔵海《ぞうかい》、（仮設しおく）風呂は門前の弥平爺《やへいじい》にいいつけての、明日から毎日立てさせろ。無銭《ただ》ではわるい、一日に三銭も遣《つか》わさるように計らえ。疲れてだろう、脚を伸ばして休息せらるるようにしてあげろ。

蔵海は障子を開けて庭へ面した縁へ出て導いた。後《あと》に跟《つ》いて縁側を折曲って行くと、同じ庭に面して三ツ四ツの装飾も何も無い空室《あきま》があって、縁の戸は光線を通ずるためばかりに三寸か四寸位ずつすかしてあるに過ぎぬので、中はもう大に暗かった。此室《ここ》がよかろうという蔵海の言《ことば》のままその室の前に立っていると、蔵海はそこだけ雨戸を繰った。庭の樹々は皆雨に悩んでいた。雨は前にも増して恐しい量で降って、老朽ちてジグザグになった板庇《いたびさし》からは雨水がしどろに流れ落ちる、見ると簷《のき》の端に生えている瓦葦《しのぶぐさ》が雨にたたかれて、あやまった、あやまったというように叩頭《おじぎ》しているのが見えたり隠れたりしている。空は雨に鎖されて、たださえ暗いのに、夜はもう逼《せま》って来る。なかなか広い庭の向うの方はもう暗くなってボンヤリとしている。ただもう雨の音ばかりザアッとして、空虚にちかい晩成先生の心をいっぱいに埋め尽しているが、ふと気が付くとそのザアッという音のほかに、また別にザアッという音が聞えるようだ。気を留めて聞くとたしかに別の音がある。ハテナ、あの辺かしらんと、その別の音のする方の雨煙濛々《うえんもうもう》たる見当へ首を向けて眼を遣ると、もう心安げになった蔵海がちょっと肩に触って、

あの音のするのが滝ですよ、あなたが風呂に立てて入ろうとなさる水の落ちる……

と云いさして、少し間を置いて、
雨が甚《ひど》いので今はよく見えませんが、晴れていればこの庭の景色の一ツになって見えるのです。
と云った。なるほど庭の左の方の隅は山嘴《さんし》が張り出していて、その樹木の鬱蒼たる中から一条の水が落ちているのらしく思えた。

夜に入った。茶の間に引かれて、和尚と晩成先生と蔵海とは食事を共にした。なるほどご馳走は無かった。冷い挽割飯《ひきわりめし》と、大根《だいこ》ッ葉《ば》の味噌汁と、塩辛く煮た車輪麩《くるまぶ》と、何だか正体の分らぬ山草の塩漬の香の物ときりで、膳こそは創《きず》だらけにせよ黒塗の宗和《そうわ》膳《ぜん》とかいう奴で、お客あしらいではあるが、箸は黄色な下等の漆ぬりの竹箸で、気持の悪いものであった。蔵海は世間に接触する機会の少いこのような山中にいる若い者なので、新来の客からなんらかの耳新らしい談を得たいようであるが、和尚は人に求められれば是非無いから吾が有《も》っている者を吝《おし》みはしないが、人からは何をも求めまいというような態度で、別に雑話《そうわ》を聞きたくも聞かせたくも思っておらぬ風で、食事が済んで後、しばらく三人が茶を喫《きっ》している際でも、別に会話をはずませるごときことはせぬので、晩成先生はただわずかに、この寺が昔時《むかし》は立派な寺であったこと、寺の庭のずっと先は渓川で、その渓の向うは高い巌壁になっていること、庭の左方も山になっていること、寺及び門前の村家のある辺一帯は一大盆地を為している事位の地勢の概略を聞き得たに過ぎなかったが、蔵海も和尚も、時々風の工合でザアッという大雨の音が聞えると、ちょっと暗い顔をしては眼を見合せるのが心に留まった。

大器氏は定められた室へ引取った。堅い綿の夜具は与えられた。所在無さの身をすぐにその中に横たえて、枕許《まくらもと》の洋燈《ランプ》の心《しん》を小さくして寝たが、なんとなく寝つきかねた。茶の間の広いところに薄暗い洋燈《ランプ》、何だか銘々《めいめい》の影法師が顧視《かえりみ》らるるような心地のする寂しい室内の雨音の聞える中で寒素な食事を黙々として取った光景が眼に浮んで来て、自分が何だか今までの自分で無い、別の世界の別の自分になったような気がして、まさかに死んで別の天地に入ったのだとは思わないが、どうも今までに覚えぬ妙な気がした。しかし、何の、下らないと思い返して眠ろうとしたけれども、やはり眠に落ちない。雨は恐ろしく降っている。あたかも太古から尽未来際《じんみらいざい》まで大きな河の流が流れ通しているように雨は降り通していて、自分の生涯の中《うち》のある日に雨が降っているのでは無くて、常住不断《じょうじゅうふだん》の雨が降り通している中に自分の短い生涯がちょっと挿《はさ》まれているものでもあるように降っている。で、それがまた気になって睡《ねむ》れぬ。鼠が騒いでくれたり狗《いぬ》が吠えてくれたりでもしたらば嬉しかろうと思うほど、他には何の音も無い。住持も若僧も居ないように静かだ。イヤ全く吾が五官の領する世界には居ないのだ。世界という者は広大なものだと日頃は思っていたが、今はどうだ、世界はただこれ

ザアッ

というものに過ぎないと思ったり、また思い反して、このザアッというのがすなわちこれ世界なのだナと思ったりしている中《うち》に、自分の生れた時に初めて挙げたオギャアオギャアの声も他人の〓地云《ぎやっと》った一声も、それから自分が書《はん》を読んだり、他の童子《こども》が書《はん》を読んだり、唱歌をしたり、嬉しがって笑ったり、怒って怒鳴《どな》ったり、キャアキャアガンガンブンブングズグズシクシク、いろいろな事をして騒ぎ廻ったりした一切《いっさい》の音声《おんじょう》も、それから馬が鳴き牛が吼《ほ》え、車ががたつき、汽

車が轟き、汽船が浪を蹴開《けひら》く一切の音声も、板の間へ一本の針が落ちた幽《かす》かな音も、皆残らず一緒になってあのザアッという音の中に入っているのだナ、というような気がしたりして、そして静かに諦聴《たいちょう》すると分明《ぶんみょう》にその一ツのザアッという音にいろいろのそれ等の音が確実に存している ことを認めて、アアそうだったかナ、なんぞと思う中《うち》に、いつか知らずザアッという音も聞え無くなり、聞く者も性《しょう》が抜けて、そして眠に落ちた。

俄然として睡眠は破られた。晩成先生は眼を開くと世界は紅い光や黄色い光に充たされていると思ったが、それは自分の薄暗いと思っていたのに相異して、室の中が洋燈《ランプ》も明るくされていれば、またその外に提灯《ちょうちん》なども吾が枕辺《まくらべ》に照されていて、眠に就いた時と大《おおい》に異なっていたのが寝《ね》惚眼《ぼけまなこ》に映ったからの感じであった事が解った。が、見れば和尚も若僧も吾が枕辺に居る。何事が起ったのか、その意味は分らなかった。けげんな心持がするので、とみには言葉も出ずに起直《おきなお》ったまま二人を見ると、若僧がまず口をきった。

おやすみになっているところをお起しして済みませんが、夜前《やぜん》からの雨があの通り甚《ひど》くなりまして、渓がにわかに膨《ふく》れてまいりました。ご承知でしょうが奥山の出水《でみず》は馬鹿に疾《はや》いものでして、もう境内にさえ水が見え出して参りました。もちろん水が出たとて大事にはなりますまいが、この渓川の奥入《おくいり》は恐ろしい広い緩傾斜の高原なのです。むかしはそれが密林だったので何事も少かったのですが、十余年前にことごとく伐採したため禿げた大野になってしまって、一ト夕立しても相当に渓川が怒るのでして、既に当時の仏殿は最初の洪水の時、流下《りゅうか》して来た巨材の衝突によって一角が壊《やぶ》れたためついに破壊してしまったのです。その後は上流に巨材などは有りませんから、水は度々出ても大したことも無く、出るのが早い代りに退くのも早くて、直《じき》に翌日《あくるひ》は何の事も無くなるのです。それで昨日からの雨で渓川はもう開きましたが、水はどの位で止まるか予想は出来ません。しかし私共は慣れてもおりますし、ここを守る身ですから逃げる気も有りませんが、あなたには少くとも危険——は有りますまいが余計なご心配はさせたくありません。幸《さいわい》なことにはこの庭の左方《ひだり》の高みの、あの小さな滝の落ちる小山の上は絶対に安全地で、そこに当寺の隠居所の草庵があります。そこへ今の内に移っていて頂きたいのです。わたくしがすぐにご案内致します、手早くお支度をなすって頂きます。ト末の方はもはや命令的に、早口に能弁にまくし立てた。その後について和尚は例の小さな円い眼に力を入れて睜開《そうかい》しながら、

膝まで水が来るようだと歩けんからノ、早くお身繕《みづくろ》いなすって。

と追立てるように警告した。大器晩成先生は一トたまりも無く浮腰《うきごし》になってしまった。

ハイ、ハイ、ご親切に、有難うございます。

ト少しドギマギして、顫《ふる》えていはしまいかと自分でも気が引けるような弱い返辞をしながら、慌てて衣《ころも》を着けて支度をした。もちろん少し大きな肩から掛ける鞄と、風呂敷包一ツ、蝙蝠《こうもり》傘一本、帽子、それだけなのだからすぐに支度は出来た。若僧は提灯を持って先に立った。この時になって初めてその服装《みなり》を見ると、依然としてさっきの鼠の衣だったが、例の土間のところへ来ると、そこには蓑笠《みのかさ》が揃えてあった。若僧はまず自ら尻を高く端折《はしょ》って蓑をかいがいしく手早く着けて、そして大器氏にも手伝って一ツの蓑を着けさせ、竹の皮笠《かわがさ》を被《かぶ》せ、その紐を緊《きび》しく結んでくれた。余り緊しく結ばれたので口を開くことも出来ぬ位で、随分痛かったが、黙って堪えると、若僧は

自分も笠を被って、

と先へ立った。提灯の火はガランとした黒い大きな台所に憐れに小さな威光を弱々と振った。外は真暗で、雨の音は例のごとくザアッとしている。

気をつけてあげろ、ナ。

と和尚は親切だ。高々とズボンを捲《まく》り上げて、古草蛙《ふるわらじ》を着けさせられた晩成子は、どこへ行くのだか分らない真黒暗《まつくらやみ》の雨の中を、若僧に随って出た。外へ出ると驚いた。雨は横振りになっている、風も出ている。川鳴《かわなり》の音だろう、何だか物凄い不明の音がしている。庭の方へ廻ったようだと思ったが、建物を少し離れると、なるほどもう水が来ている。足の裏が馬鹿に冷い。親指が没する、踝《くるぶし》が没する、脚首《あしくび》が全部没する、ふくら脛《はぎ》あたりまで没すると、もうなかなか渓の方から流れる水の流れ勢《ぜい》が分明にこたえる。空気も大層《たいそう》冷たくなって、夜雨《やう》の威がひしひしと身に浸みる。足は恐ろしく冷い。足の裏は痛い。胴ぶるいが出て来て止まらない。何かしらん痛いものに脚の指を突掛けて、危く大器氏は顚倒しそうになって若僧に捉まると、その途端に提灯はガクリと揺めき動いて、蓑の毛に流れている雨の滴《しずく》の光りをキラリと照らし出したかと思うと、雨が入ったか滴がかかったかであろう、チュッと云って消えてしまった。風の音、雨の音、川鳴の音、樹木の音、ただもう天地はザーッと、黒漆《こくしつ》のように黒い闇の中に音を立てているばかりだ。晩成先生は泣きたくなった。

ようございます、今更帰れもせず、提灯を点火《つけ》ることも出来ませんから、どうせ差しているのでは無いその蝙蝠傘をお出しなさい。そうそう。わたくしがこちらを持つ、あなたはそちらを握って、決して離してはいけませんよ。闇でもわたしは行けるから、恐れることはありません。

ト蔵海先生実に頼もしい。平常は一ト通りの意地が無くもない晩成先生も、ここに至って他力《たりき》宗《しゅう》になってしまって、ただもう世界に力とするものは蝙蝠傘一本、その蝙蝠傘のこっちは自分が握っているが、むこうは真の親切者が握っているのだか狐狸が握っているのだか、妖怪変化、悪魔の類が握っているのだか、何だかかだかサッパリ分らない黒闇々《こくあんあん》の中を、とにかく後生大事にそれに鎚《すが》って随って歩いた。

水はだんだん足に触れなくなって来た。爪先上《つまさきあが》りになって来たようだ。やがてだんだん勾配が急になって来た。坂道にかかったことは明らかになって来た。雨の中にも滝の音は耳近く聞えた。

もうここを上《のぼ》りさえすれば好いのです。細い路ですからね、わたくしも路で無いところへ踏込《ふんご》むかも知れませんが、転びさえしなければ草や樹で擦りむく位ですから驚くことは有りません。ころんではいけませんよ、そろそろ歩いてあげますからね。

ハハイ、有り難う。

ト全く顫《ふる》え声だ。どうしてなかなか足が前へ出るものでは無い。

こうなると人間に眼の有ったのは全く余り有り難くありませんね、盲目《めくら》の方がよほど重宝です、アッハハハハ。わたくしも大分小さな樹の枝で擦剝《すりむ》き疵《きず》をこしらえましたよ。アッハハハハ。

ト蔵海め、さすがに仏の飯で三度の埒《らち》を明けて来た奴だけに大禅師らしいことを云ったが、晩成先生はただもうビクビクワナワナで、批評の余地などは、よほど喉元《のどもと》過ぎて怖いことが糞になった時分までは有り得はしなかった。

路は一トしきり大《おお》いに急になりかつまた窄《せま》くなったので、胸を突くような感じがして、晩成先生はついに左の手こそは傘をつかまえているが、右の手は痛むのも汚れるのも厭ってなどいられないから、一歩一歩に地面を探るようにして、まるで四足獣が三足で歩くような体《てい》になって歩いた。随分長い時間を歩いたような気がしたが、苦労には時間を長く感じるものだから実際はさほどでも無かったろう。しかし一町余は上ったに違いない。ようやくだらだら坂になって、上りきったナと思うと、

サア来ました。

ト蔵海が云った。そして途端に持っていた蝙蝠傘の一端を放した。で、大器氏は全く不知案内の暗中の孤立者になったから、黙念として石の地蔵のように身じろぎもしないで、雨に打たれながらポカンと立っていて、次の脈搏《みゃくはく》、次の脈搏を数えるがごとき心持になりつつ、次の脈が搏《う》つ時に展開し来る事情をば全くアテも無く待つのであった。

若僧はそこらに何かしているのだろう、しばらくは消息も絶えたが、やがてガタガタいう音をさせた。雨戸を開けたに相違無い。それから少し経《たっ》て、チッチッという音がすると、パッと火が現われて、後は一ツの建物の中の土間に踞《うずくま》っていて、マッチを擦って提灯の蠟燭に火を点じようとしているのであった。四五本のマッチを無駄にして、やっと火は点いた。荊棘《いばら》か山椒《さんしょう》の樹のようなもので引爬《ひっか》いたのであろう、雨にぬれた頰から血が出て、それが散っている、そこへ蠟燭の光の映ったさまは甚だ不気味だった。ようやくそこへ歩み寄った晩成先生は、

怪我をしましたね、お気の毒でした。

と云うと、若僧は手拭を出して、ここでしょう、と云いながら顔を拭いた。蚯蚓《みみず》脹れの少し大きいの位で、大した事では無かった。

急いでいるからであろう、若僧はすぐにその手拭で泥足をあらましに拭いて、提灯を持ったま、ずんずんと上り込んだ。四畳半の茶の間には一尺二寸位の小炉《しょうろ》が切ってあって、竹の自在《じざい》鍵の煤《すす》びたのに小さな茶釜が黒光りして懸《かか》っているのが見えたかと思うと、若僧は身を屈して敬虔《けいけん》の態度にはなったが、すぐと区劃《しきり》になっている襖《ふすま》を明けてその次の室《ま》へ、云わば闖入《ちんにゅう》せんとした。

土間からオズオズ覗いて見ている大器氏の眼には、六畳敷位の部屋に厚い坐蒲団を敷いて死せるがごとく枯坐《こざ》していた老僧が見えた。着色の塑像《そぞう》のごとくで、生きているものとも思えぬ位であった。銀のような髪が五分ばかり生えて、細長い輪郭の正しい顔の七十位の痩せ枯《から》びた人ではあったが、突然の闖入に対して身じろぎもせず、少しも驚く様子も無く落つき払った態度で、あたかも今まで起きてでもいた者のようであった。特《こと》に晩成先生の驚いたのは、蔵海がその老人に対して何も云わぬことであった。そしてその老僧の坐辺の洋燈《ランプ》を点火すると、蔵海は立返って大器氏を上へ引ずり上げようとした。大器氏は慌てて足を拭《ぬぐ》って上ると、老僧はジーッと細い眼を据えてその顔を見詰めた。晩成先生は急に挨拶の言葉も出ずに、何か知らず叮嚀に叩頭《おじぎ》をさせられてしまった。そして頭《かしら》を挙げた時には、蔵海はしきりに手を動かして麓の方の闇を指したり何かしていた。老僧は点頭《うなず》いていたが、一語をも発しない。

蔵海はいろいろに指を動かした。真言宗《しんごんしゅう》の坊主の印《いん》を結ぶのを極めて疾《はや》くするようなので、晩

成先生は呆気《あっけ》に取られて眼ばかりパチクリさせていた。老僧は極めて徐《しず》かに軽く点頭《うなず》いた。すると蔵海は晩成先生に対《むか》って、

　このかたは耳が全く聞えません。しかし慈悲の深い方ですからご安心なさい。ではわたくしは帰りますから。

ト云っておいて、初の無遠慮な態度とはスッカリ違って叮嚀に老僧に一礼した。老僧は軽く点頭いた。大器氏にちょっと会釈するや否や、若僧は落付いた、しかしテキパキした態度で、かの提灯を持って土間へ下り、蓑笠するや否やたちまち戸外《そと》へ出て、物静かに戸を引寄せ、そして飛ぶがごとくに行ってしまった。

　大器氏は実に稀有な思いがした。この老僧は起きていたのか眠っていたのか、夜中真黒《やちゆうまつくら》な中に坐禅ということをしていたのか、坐りながら眠っていたのか、眠りながら坐っていたのか、今夜だけ偶然にこういう態《てい》であったのか、始終こうなのか、と怪《あや》しみ惑《まど》うた。もとより真の已達《いたつ》の境界《きようがい》には死生の間《かん》にすら関所が無くなっている、まして覚めているということも睡っているということとも無い、坐っているということと起きているということとは一枚になっているので、比丘《びく》たる者は決して無記の睡《ねむり》に落ちるべきでは無いこと、仏説離睡経《ぶつせつりすいきよう》に説いてある通りだということも知っていなかった。またいくらも近い頃の人にも、死の時のほかには脇を下に着け身を横たえて臥《ふ》さぬ人の有ることをも知らなかったのだから、吃驚《びつくり》したのは無理でも無かった。

　老僧は晩成先生が何を思っていようとも一切無関心であった。

□□さん、サア洋燈《ランプ》を持ってあちらへ行って勝手に休まっしゃい。押入《おしいれ》の中に何か有ろうから

引出して纏《まと》いなさい、まだ三時過ぎ位のものであろうから。

ト老僧は奥を指さして極めて物静《ものしずか》に優しく云ってくれた。大器氏は自然に叩頭《おじぎ》をさせられて、その言葉通りになるよりほかは無かった。洋燈《ランプ》を手にしてオズオズ立上った。あとはまた真黒闇になるのだが、そんな事をとかく云うことはかえって余計な失礼の事のように思えたので、そのままに坐を立って、襖を明けて奥へ入った。やはりそこは六畳敷位の狭さであった。間《あい》の襖を締切って、そこに在った小さな机の上に洋燈《ランプ》を置き、同じくそこに在った小坐蒲団の上に身を置くと、初めて安堵《あんど》して我に返ったような気がした。同時に寒さが甚《ひど》く身に染みて胴顫《どうぶるい》がした。そして何だかがっかりしたが、ようやく落ついて来ると、□□さんと自分の苗字を云われたのが甚く気になった。若僧も告げなければ自分も名乗らなかったのであるのに、殊《こと》に全くの聾《つんぼ》になっているらしいのに、どうして知っていたろうと思ったからである。しかしそれは蔵海が指頭《ゆびさき》で談《かた》り聞かせたからであろうと解釈して、まず解釈は済ませてしまった。寝ようか、このままに老僧の真似をして暁《あかつき》に達してしまおうかと、何か有ろうと云ってくれた押入らしいものを見ながらちょっと考えたが、気がついて時計を出して見た。時計の針は三時少し過ぎであることを示していた。三時少し過ぎているから、三時少し過ぎているのだ。驚くことは何も無いのだが、大器氏はまた驚いた。ジッと時計の文字盤を見詰めたが、ついに時計を引出して、洋燈《ランプ》の下、小机の上に置いた。秒針はチ、チ、チ、チと音を立てた。音がするのだから、音が聞えるのだ。驚くことは何も無いのだが、大器氏はまた驚いた。そして何だか知らずにハッと思った。すると戸外《そと》の雨の音はザアッと続いていた。時計の音はたちまち消えた。眼が見ている秒針の動きは止まりはしなかった、確実な歩調で動いていた。
　何となく妙な心持になって頭を動かして室内を見廻わした。洋燈《ランプ》の光がボーッと上を照らしているところに、煤《すす》びた額が掛っているのが眼に入った。間抜《まぬけ》な字体で何の語かが書いてある。一字ずつ心を留めて読んで見ると、
　橋流水不流
とあった。橋流れて水流れず、橋流れて水流れず、ハテナ、橋流れて水流れず、と口の中で扱い、胸の中で咬《か》んでいると、たちまち昼間渡った仮そめの橋が洶々《きょうきょう》と流れる渓川の上に架渡《かけわた》されていた景色が眼に浮んだ。水はどうどうと流れる、橋は心細く架渡されている。橋流れて水流れず。サテ何だか解らない。シーンと考え込んでいると、たちまち誰だか知らないが、途方も無い大きな声で
　橋流れて水流れず
と自分の耳の側《はた》で怒鳴りつけた奴が有って、ガーンとなった。
　フト大器氏は自ら嘲《あざけ》った。ナンダこんな事、とかくこんな変な文句が額なんぞには書いてあるものだ、と放下《ほうげ》してしまって、またそこらを見ると、床の間では無い、一方の七八尺ばかりの広い壁になっているところに、その壁をいくらも余さない位な大きな古びた画《え》の軸がピタリと懸っている。何だか細かい線で描《か》いてある横物《よこもの》で、打見たところモヤモヤと煙っているようなばかりだ。紅《あか》や緑や青や種々《いろいろ》の彩色が使ってあるようだが、図が何だとはサッパリ読めない。多分有り勝な涅槃《ねはん》像か何かだろうと思った。が、看るとも無しに薄い洋燈《ランプ》の光に朦朧としているその画面

に眼を遣っていると、何だか非常に綿密に楼閣だの民家だの樹だの水だの遠山だの人物だのが描いてあるようなので、とうとう立上って近くへ行って観た。するとこれは古くなって処々《ところどころ》汚れたり損じたりしてはいるが、なかなか叮嚀に描かれたもので、巧拙《こうせつ》は分らぬけれども、かつて仇十州《きゅうじっしゅう》の画だとか教えられて看たことのあるものに肖《に》た画風で、何だか知らぬが大層な骨折から出来ているものであることは一目に明らかであった。そこでことさらに洋燈《ランプ》を取って左の手にしてその図に近々と臨んで、洋燈《ランプ》を動かしては光りの強いところを観ようとする部分部分に移しながら看た。そうしなければ極めて繊細な画が古び煤けているのだから、ややもすれば看て取ることが出来なかったのである。

画は美《うる》わしい大江《たいこう》に臨んだ富麗《ふれい》の都の一部を描いたものであった。図の上半部を成している江《え》の後方《むこう》には翠色悦《すいしょくよろこ》ぶべき遠山が見えている、その手前には丘陵が起伏している、その間に層塔《そうとう》もあれば高閣《こうこう》もあり、黒ずんだ鬱樹《うつじゅ》が蔽うた岨《そば》もあれば、明るい花に埋《うず》められた谷もあって、それからずっと岸の方は平らに開けて、酒楼の綺麗なのも幾戸かあり、士女老幼、騎馬の人、閑歩《かんぽ》の人、生計にいそしんでいる負販《ふはん》の人、種々雑多の人々が蟻ほどに小さく見えている。筆はただ心持で動いているだけで、もちろんその委曲が画《か》けている訳では無いが、それでもおのずからに各人の姿態や心情が想い知られる。酒楼の下の岸には画舫《がほう》もある、航中の人などは胡麻《ごま》半粒ほどであるが、やはり様子が分明に見える。大江の上には帆走《ほばし》っているやや大きい船もあれば、篠《ささ》の葉形の漁舟もあって、漁人の釣《つり》しているらしい様子も分る。光を移してこちらの岸を見ると、こちらの右の方には大きな宮殿様の建物があって、玉樹琪花《ぎょくじゅきか》とでも云いたい美しい樹や花が点綴《てんてい》してあり、殿下の庭様のところには朱欄曲々《しゅらんきょくきょく》と地を劃して、欄中には奇石もあれば立派な園花もあり、人の愛観を待つさまざまの美しい禽《とり》なども居る。だんだんと左へ燈光《ともしび》を移すと、大中小それぞれの民家があり、老人《としより》や若いものや、蔬菜《そさい》を荷《にな》っているものもあれば、蓋《かさ》を張らせて威張って馬に騎《の》っている官人のようなものもあり、跣足《はだし》で柳条《りゅうじょう》に魚の鰓《あぎと》を穿《うが》った奴をぶらさげて川から上って来たらしい漁夫もあり、柳がところどころに翠烟《すいえん》を罩《こ》めている美しい道路を、士農工商樵《しょう》漁《ぎょ》、あらゆる階級の人々が右往左往している。綺錦《ききん》の人もあれば襤褸《らんる》の人もある、冠《かぶ》りものをしているのもあれば露頂《ろちょう》のものもある。これは面白い、春江の景色に併せて描いた風俗画だナと思って、まただんだんに燈《ともしび》を移して左の方へ行くと、江岸がなだらかになって川柳が扶疎《ふそ》としており、雑樹がもさもさとなっているその末には蘆荻《ろてき》が茂っている。柳の枝や蘆荻の中には風が柔らかに吹いている。蘆のきれ目には春の水が光っていて、そこに一艘の小舟が揺れながら浮いている。船は篷篨《あじろ》を編んで日除《ひよけ》兼《けん》雨除《あまよけ》というようなものを胴の間《ま》にしつらってある。何やら火炉《こんろ》だの盤碟《さら》だのの家具も少し見えている。船頭の老夫《じいさん》は艫《とも》の方に立上って、戕牁《かしぐい》に片手をかけて今や舟を出そうとしていながら、片手を挙げて、乗らないか乗らないかと云って人を呼んでいる。その顔がハッキリ分らないから、大器氏は燈火をだんだんと近づけた。遠いところからだんだんと歩み近づいて行くとだんだんと人顔《ひとがお》が分って来るように、朦朧たる船頭の顔はだんだんと分って来た。膝ッ節も肘もムキ出しになっている絆纏《はんてん》みたようなものを着て、ごくごく小さな笠を冠って、やや仰いでいる様子は何とも云えない無邪気なもので、寒山《かんざん》か拾得《じっとく》の叔父さんにでも当る者に無学文盲のこの男があったのではあるまいかと思われた。オーイッと呼《よば》わって船頭さんは大きな口をあいた。晩成先生は莞爾《かんじ》とした。今行くよーッと思わず返辞をしようとした。途端に隙間を漏って吹込んで来た冷たい風に燈火はゆらめいた。船も船頭も遠くから近くへ飄《ひょう》として来たが、また近くから遠くへ飄として去った。ただこれ一瞬の事で前後は無かった。

屋外《そと》は雨の音、ザアッ。

大器晩成先生はこれだけの談《はなし》を親しい友人に告げた。病気はすべて治った。が、再び学窓にその人は見《あら》われなかった。山間水涯《さんかんすいがい》に姓名を埋めて、平凡人となり了《おお》するつもりに料簡をつけたのであろう。ある人は某地にその人が日に焦《や》けきったただの農夫となっているのを見たということであった。大器不成《ふせい》なのか、大器既成《きせい》なのか、そんな事は先生の問題では無くなったのであろう。

常識

小泉八雲（田部隆次・訳）

　昔、京都に近い愛宕山に、黙想と読経に余念のない高僧があった。住んでいた小さい寺は、どの村からも遠く離れていた、そんな淋しい処では誰かの世話がなくては日常の生活にも不自由するばかりであったろうが、信心深い田舎の人々が代る代るきまって毎月米や野菜を持って来て、この高僧の生活をささえてくれた。

　この善男善女のうちに猟師が一人いた、この男はこの山へ獲物をあさりにも度々来た。或る日のこと、この猟師がお寺へ一袋の米を持って来た時、僧は云った。

「一つお前に話したい事がある。この前会ってから、ここで不思議な事がある。どうして愚僧のようなものの眼前に、こんな事が現れるのか分らない。しかし、お前の知っての通り、愚僧は年来毎日読経黙想をして居るので、今度授かった事は、その行いの功徳かとも思われるが、それもたしかではない。しかし、たしかに毎晩、普賢菩薩が白象に乗ってこの寺へお見えになる。……今夜愚僧と一緒に、ここにいて御覧。その仏様を拝む事ができる」

「そんな尊い仏が拝めるとはどれほど有難いことか分りません。喜んで御一緒に拝みます」と猟師は答えた。

そこで猟師は寺にとどまった。しかし僧が勤行にいそしんで居る間に、猟師はこれから実現されようと云う奇蹟について考え出した。それからこんな事のあり得べきかどうかについて疑い出した。考えるにつれて疑いは増すばかりであった。寺に小僧がいた、——そこで猟師は小僧に折を見て聞いた。

「聖人のお話では普賢菩薩は毎晩この寺へお見えになるそうだが、あなたも拝んだのですか」猟師は云った。

「はい、もう六度、私は恭《うやうや》しく普賢菩薩を拝みました」小僧は答えた。猟師は小僧の言を少しも疑わなかったが、この答によって疑いは一層増すばかりであった。小僧は一体何を見たのであろうか、それも今に分るであろう、こう思い直して約束の出現の時を熱心に待っていた。

真夜中少し前に、僧は普賢菩薩の見えさせ給う用意の時なる事を知らせた。小さいお寺の戸はあけ放たれた。僧は顔を東の方に向けて入口に跪《ひざまず》いた。小僧はその左に跪いた、猟師は恭しく僧のうしろに席を取った。

九月二十日の夜であった、——淋しい、暗い、それから風の烈しい夜であった、三人は長い間普賢菩薩の出現の時を待っていた。ようやくのことで東の方に、星のような一点の白い光が見えた、それからこの光は素早く近づいて来た——段々大きくなって来て、山の斜面を残らず照した。やがてその光は或る姿——六本の牙のある雪白の象に乗った聖い菩薩の姿となった。そうして光り輝ける乗手をのせた象は直ぐお寺の前に着いた、月光の山のように、――不可思議にも、ものすごくも、――高く聳えてそこに立った。

その時僧と小僧は平伏して異常の熱心をもって普賢菩薩への読経を始めた。ところが不意に猟師は二人の背後に立ち上がり、手に弓を取って満月の如く引きしぼり、光明の普賢菩薩に向って長い矢をひゅっと射た、すると矢は菩薩の胸に深く、羽根のところまでもつきささった。

突然、落雷のような音響とともに白い光は消えて、菩薩の姿も見えなくなった。お寺の前はただ暗い風があるだけであった。

「情けない男だ」僧は悔恨絶望の涙とともに叫んだ。「何と云うお前は極悪非道の人だ。お前は何をしたのだ、――何をしてくれたのだ」

しかし猟師は僧の非難を聞いても何等後悔憤怒の色を表わさなかった。それから甚だ穏かに云った。――

「聖人様、どうか落ちついて、私の云う事を聞いて下さい。あなたは年来の修業と読経の功徳によって、普賢菩薩を拝む事ができるのだと御考えになりました。それなら仏様は私やこの小僧には見えず――聖人様にだけお見えになる筈だと考えます。私は無学な猟師で、私の職業は殺生です、――ものの生命を取る事は、仏様はお嫌いです。それでどうして普賢菩薩が拝めましょう。仏様は四方八方どこにでもおいでになる、ただ凡夫は愚痴蒙昧のために拝む事ができないと聞いて居ります。聖人様は――浄い生活をして居られる高僧でいらせられるから――仏を拝めるようなさとりを開かれましょう、しかし生計のために生物を殺すようなものは、どうして仏様を拝む力など得られましょう。それに私もこの小僧も二人とも聖人様の御覧になったとおりのものを見ました。それで聖人様に申し上げますが、御覧になったものは普賢菩薩ではなくてあなたをだまして――事によれば、あなたを殺そうとする何か化物に相違ありません。どうか夜の明けるまで我慢して下さい。そうしたら私の云う事の間違いでない証拠を御覧に入れましょう」

日の出とともに猟師と僧は、その姿の立っていた処を調べて、うすい血の跡を発見した。それからその跡をたどって数百歩離れたうつろに着いた、そこで、猟師の矢に貫かれた大きな狸の死体を見た。

博学にして信心深い人であったが僧は狸に容易にだまされていた。しかし猟師は無学無信心ではあったが、強い常識を生れながらもっていた、この生れながらもっていた常識だけで直ちに危険な迷いを看破し、かつそれを退治する事ができた。

木曾の旅人

岡本綺堂

T君は語る。

一

そのころの軽井沢は寂《さび》れ切っていましたよ。それは明治二十四年の秋で、あの辺も衰微の絶頂であったらしい。なにしろ昔の中仙道の宿場《しゅくば》がすっかり寂れてしまって、土地にはなんにも産物はないし、ほとんどもう立ち行かないことになって、ほかの土地へ立退《たちの》く者もある。わたしも親《おや》父《じ》と一緒に横川で汽車を下りて、碓氷《うすい》峠の旧道をがたがた馬車にゆられながら登って下りて、荒涼たる軽井沢の宿に着いたときには、実に心細いくらい寂しかったものです。それが今日《こんにち》ではどうでしょう。まるで世界が変ったように開けてしまいました。その当時わたし達が泊まった宿屋はなにしろ一泊二十五銭というのだから、大抵想像が付きましょう。その宿屋も今では何とかホテルという素晴らしい大建物になっています。一体そんなところへ何しに行ったのかというと、つまり妙義から碓氷の紅葉《もみじ》を見物しようという親父の風流心から出発したのですが、妙義でいい加減に疲れてしまったので、碓氷の方はがた馬車に乗りましたが、山路で二、三度あぶなく引っくり返されそうになったのには驚きましたよ。

わたしは一向おもしろくなかったが、おやじは閑寂《しずか》でいいとかいうので、その軽井沢の大きい薄暗い部屋に四日ばかり逗留していました。考えてみると随分物好きです。すると、一日目は朝から雨がびしょびしょ降る。十月の末だから信州のここらは急に寒くなる。おやじとわたしとは宿屋の店に切ってある大きい炉の前に坐って、宿の亭主を相手に土地の話などを聞いていると、やがて日の暮れかかるころに、もう五十近い大男がずっとはいって来ました。その男の商売は杣《そま》で、五年ばかり木曾の方へ行っていたが、さびれた故郷でもやはり懐かしいとみえて、この夏の初めからここへ帰って来たのだそうです。

われわれも退屈しているところだから、その男を炉のそばへ呼びあげて、いろいろの話を聞いたりしているうちに、杣の男が木曾の山奥にいたときの話をはじめました。

「あんな山奥にいたら、時々には怖ろしいことがありましたろうね。」と、年の若いわたしは一種の好奇心にそそられて訊きました。

「さあ。山奥だって格別に変りありませんよ。」と、かれは案外平気で答えました。「怖ろしいのは大あらしぐらいのものですよ。猟師はときどきに怪物《えてもの》にからかわれると言いますがね。」

「えてものとは何です。」

「なんだか判りません。まあ、猿の甲羅《こうら》を経たものだとか言いますが、誰も正体をみた者はありません。まあ、早くいうと、そこに一羽の鴨があるいている。はて珍しいというのでそれを捕ろうとすると、鴨めは人を焦《じ》らすようについと逃げる。こっちは焦《あせ》ってまた追って行く。それが他のものには何にも見えないで、猟師は空《くう》を追って行くんです。その時にはほかの者が大きい声で、そらえてものだぞ、気をつけろと呶鳴ってやると、猟師もはじめて気がつくんです。最初から何《なん》にもいるのじゃないので、その猟師の眼にだけそんなものが見えるんです。

それですから木曾の山奥へはいる猟師は決して一人で行きません。きっとふたりか三人連れで行くことにしています。ある時にはこんなこともあったそうです。山奥へはいった二人の猟師が、谷川の水を汲んで飯をたいて、もう蒸《む》れた時分だろうと思って、そのひとりが釜の蓋《ふた》をあけると釜のなかから女の大きい首がぬっと出たんです。その猟師はあわてて釜の蓋をして、上からしっかり押えながら、えてものだ、えてものだ、早くぶっ払えと呶鳴りますと、連れの猟師はすぐに鉄砲を取ってどこを的《あて》ともなしに二、三発つづけ撃ちに撃ちました。それから釜の蓋をあけると、女の首はもう見えませんでした。まあ、こういうたぐいのことをえてものの仕業《しわざ》だというんですが、そのえてものに出逢うものは猟師仲間に限っていて、杣小屋などでは一度もそんな日に逢ったことはありませんよ。」

彼は太い煙管《きせる》で煙草をすぱすぱとくゆらしながら澄まし込んでいるので、わたしは失望しました。さびしく衰えた古い宿場で、暮秋の寒い雨が小歇《こや》みなしに降っている夕《ゆうべ》、深山《みやま》の奥に久しく住んでいた男から何かの怪しい物がたりを聞き出そうとした、その期待は見事に裏切られてしまったのです。それでも私は強請《ねだ》るようにしつこく訊きました。

「しかし五年もそんな山奥にいては、一度や二度はなにか変ったこともあったでしょう。いや、お前さん方は馴れているから何とも思わなくっても、ほかの者が聞いたら珍らしいことや、不思議なことが……。」

「さあ。」と、かれは粗朶《そだ》の煙りが眼にしみたように眉を皺《しわ》めました。「なるほど考えてみると、長いあいだに一度や二度は変ったこともありましたよ。そのなかでもたった一度、なんだか判らずに薄気味の悪かったことがありました。なに、その時は別になんとも思わなかったのですが、あとで考えるとなんだか気味がよくありませんでした。あれはどういうわけですかね。」

かれは重兵衛という男で、そのころ六つの太吉という男の児と二人ぎりで、木曾の山奥の杣小屋にさびしく暮らしていました。そこは御獄山《おんたけさん》にのぼる黒沢口からさらに一里ほどの奥に引っ込んでいるので、登山者も強力《ごうりき》もめったに姿をみせなかったそうです。さてこれからがお話の本文《ほんもん》と思ってください。

「お父《とっ》さん、怖いよう。」

今までおとなしく遊んでいた太吉が急に顔の色を変えて、父の膝に取りついた。親ひとり子ひとりでこの山奥に年じゅう暮らしているのであるから、寂しいのには馴れている。猿や猪を友達のように思っている。小屋を吹き飛ばすような大あらしも、山がくずれるような大雷鳴《おおかみなり》も、めったにこの少年を驚かすほどのことはなかった。それがきょうにかぎって顔色をかえて顫《ふる》えて騒ぐ。父はその頭をなでながら優しく言い聞かせた。

「なにが怖い。お父さんはここにいるから大丈夫だ。」

「だって、怖いよ。お父さん。」

「弱虫め。なにが怖いんだ。そんな怖いものがどこにいる。」と、父の声はすこし暴《あら》くなった。

「あれ、あんな声が……。」

太吉が指さす向うの森の奥、大きい樅《もみ》や栂《つが》のしげみに隠れて、なんだか唄うような悲しい声が切れ切れにきこえた。九月末の夕日はいつか遠い峰に沈んで、木の間から洩れる湖のような薄青い空には三日月の淡い影が白銀《しろがね》の小舟のように浮かんでいた。

「馬鹿め。」と、父はあざ笑った。「あれがなんで怖いものか。日がくれて里へ帰る樵夫《きこり》か猟師が唄っているんだ。」

「いいえ、そうじゃないよ。怖い、怖い。」

「ええ、うるさい野郎だ。そんな意気地なしで、こんなところに住んでいられるか。そんな弱虫で男になれるか。」

叱りつけられて、太吉はたちまちすくんでしまったが、やはり怖ろしさはやまないとみえて、小屋の隅の方に這い込んで小さくなっていた。重兵衛も元来は子煩悩《ぼんのう》の男であるが、自分の頑丈に引きくらべて、わが子の臆病がひどく癪にさわった。

「やい、やい、何だってそんなに小さくなっているんだ。ここは俺たちの家だ。誰が来たって怖いことはねえ。もっと大きくなって威張っていろ。」

太吉は黙って、相変らず小さくなっているので、父はいよいよ癪にさわったが、さすがにわが子をなぐりつけるほどの理由も見いだせないので、ただ忌々《いまいま》しそうに舌打ちした。

「仕様のねえ馬鹿野郎だ。およそ世のなかに怖いものなんぞあるものか。さあ、天狗でも山の神でもえてものでも何でもここへ出て来てみろ。みんなおれが叩きなぐってやるから。」

わが子の臆病を励ますためと、また二つには唯なにがなしに癪にさわって堪《たま》らないのとで、かれは焚火の太い枝をとって、火のついたままで無暗に振りまわしながら、相手があらばひと撃ちといったような剣幕で、小屋の入口へつかつかと駈け出した。出ると、外には人が立っていて、出会いがしらに重兵衛のふり廻す火の粉は、その人の顔にばらばらと飛び散った。相手も驚いたであろうが、重兵衛もおどろいた。両方が、しばらく黙って睨み合っていたが、やがて相手は高く笑った。こっちも思わず笑い出した。

「どうも飛んだ失礼をいたしました。」

「いや、どうしまして……。」と、相手に会釈《えしゃく》した。「わたくしこそ突然にお邪魔をして済みません。実は朝から山越しをしてくたびれ切っているもんですから。」

少年を恐れさせた怪しい唄のぬしはこの旅人であった。夏でも寒いと唄われている木曾の御嶽の山中に行きくれて、彼はその疲れた足を休めるためにこの焚火の煙りを望んで尋ねて来たのであろう。疲労を忘れるがために唄ったのである。火を慕うがために尋ねて来たのである。これは旅人の習いで不思議はない。この小屋はここらの一軒家であるから、樵夫や猟師が煙草やすみに来ることもある。路に迷った旅人が湯をもらいに来ることもある。そんなことはさのみ珍らしくもないので、親切な重兵衛はこの旅人をも快《こころよ》く迎い入れて、生木《なまき》のいぶる焚火の前に坐らせた。

旅人はまだ二十四五ぐらいの若い男で、色の少し蒼ざめた、頬の痩せて尖った、しかも円い眼は愛嬌に富んでいる優しげな人物であった。頭には鍔《つば》の広い薄茶の中折帽をかぶって、詰襟ではあるがさのみ見苦しくない縞の洋服を着て、短いズボンに脚絆草鞋という身軽のいでたちで、肩には学校生徒のような茶色の雑嚢をかけていた。見たところ、御料林を見分に来た県庁のお役人か、悪くいえば地方行商の薬売りか、まずそんなところであろうと重兵衛はひそかに値踏みをした。

こういう場合に、主人が旅人に対する質問は、昔からの紋切り形であった。

「お前さんはどっちの方から来なすった。」

「福島の方から。」

「これからどっちへ……。」

「御嶽《おんたけ》を越して飛騨《ひだ》の方へ……。」

こんなことを言っているうちに、日も暮れてしまったらしい。燈火《あかり》のない小屋のなかは燃えあがる焚火にうすあかく照らされて、重兵衛の四角張った顔と旅人の尖った顔とが、うず巻く煙りのあいだからぼんやりと浮いてみえた。

二

「おかげさまでだいぶ暖かくなりました。」と、旅人は言った。「まだ九月の末だというのに、ここらはなかなか冷えますね。」

「夜になると冷えて来ますよ。なにしろ駒ケ嶽では八月に凍《こご》え死んだ人があるくらいですから。」と、重兵衛は焚火に木の枝をくべながら答えた。

それを聞いただけでも薄ら寒くなったように、旅人は洋服の襟をすくめながらうなずいた。

この人が来てからおよそ半時間ほどにもなろうが、そのあいだにかの太吉は、子供に追いつめられた石蟹のように、隅の方に小さくなったままで身動きもしなかった。が、彼はいつまでも隠れているわけにはいかなかった。彼はとうとう自分の怖れている人に見付けられてしまった。

「おお、子供衆がいるんですね。うす暗いので、さっきからちっとも気がつきませんでした。そんならここにいいものがあります。」

かれは首にかけた雑嚢の口をあけて、新聞紙につつんだ竹の皮包みを取出した。中には海苔巻のすしがたくさんにはいっていた。

「山越しをするには腹が減るといけないと思って、食い物をたくさん買い込んで来たのですが、そうも食えないもので……。御覧なさい。まだこっちにもこんな物があるんです。」

もう一つの竹の皮包みには、食い残りの握り飯と刻みするめのようなものがはいっていた。

「まあ、これを子供衆にあげてください。」

ここらに年じゅう住んでいる者では、海苔巻のすしでもなかなか珍らしい。重兵衛は喜んでその贈り物を受取った。

「おい、太吉。お客人がこんないいものを下すったぞ。早く来てお礼をいえ。」

いつもならば、にこにこして飛び出してくる太吉が、今夜はなぜか振り向いても見なかった。

彼は眼にみえない怖ろしい手に掴《つか》まれたように、固くなったままで竦《すく》んでいた。さっきからの一件もあり、かつは客人の手前もあり、重兵衛はどうしても叱言《こごと》をいわないわけにはいかなかった。

「やい、何をぐずぐずしているんだ。早く来い。こっちへ出て来い。」

「あい。」と、太吉はかすかに答えた。

「あいじゃあねえ、早く来い。」と、父は呶鳴った。「お客人に失礼だぞ。早く来い。来ねえか。」

気の短い父はあり合う生木《なまき》の枝を取って、わが子の背にたたきつけた。

「あ、あぶない。怪我でもするといけない。」と、旅人はあわてて遮《さえぎ》った。

「なに、言うことをきかない時には、いつでも引っぱたくんです。さあ、野郎、来い。」

もうこうなっては仕方がない。太吉は穴から出る蛇のように、小さい体をいよいよ小さくして、父のうしろへそっと這い寄って来た。重兵衛はその眼先へ竹の皮包みを開いて突きつけると、紅い生姜《しょうが》は青黒い海苔をいろどって、子供の眼にはさも旨そうにみえた。

「それみろ。旨そうだろう。お礼をいって、早く食え。」

太吉は父のうしろに隠れたままで、やはり黙っていた。

「早くおあがんなさい。」と、旅人も笑いながら勧めた。

その声を聞くと、太吉はまた顫《ふる》えた。さながら物に襲われたように、父の背中にひしとしがみ付いて、しばらくは息もしなかった。彼はなぜそんなにこの旅人を恐れるのであろう。小児《こども》にはあり勝ちのひとみしりかとも思われるが、太吉は平生そんなに弱い小児ではなかった。ことに人里の遠いところに育ったので、非常に人を恋しがる方であった。樵夫でも猟師でも、あるいは見知らぬ旅人でも、一度この小屋へ足を入れた者は、みんな小さい太吉の友達であった。どんな人に出逢っても、太吉はなれなれしく小父《おじ》さんと呼んでいた。それが今夜にかぎって、普通の不人相《ぶにんそう》を通り越して、ひどくその人を嫌って恐れているらしい。相手が子供であるから、旅人は別に気にも留めないらしかったが、その平生を知っている父は一種の不思議を感じないわけにはいかなかった。

「なぜ食わない。折角うまい物を下すったのに、なぜ早く頂かない。馬鹿な奴だ。」

「いや、そうお叱りなさるな。小児というものは、その時の調子でひょいと拗《こじ》れることがあるもんですよ。まあ、あとで食べさせたらいいでしょう。」と、旅人は笑いを含んでなだめるように言った。

「お前が食べなければ、お父《とつ》さんがみんな食べてしまうぞ。いいか。」

父が見返ってたずねると、太吉はわずかにうなずいた。重兵衛はそばの切株の上に皮包みをひろげて、錆びた鉄の棒のような海苔巻のすしを、またたく間に五、六本も頬張ってしまった。それから薬罐のあつい湯をついで、客にもすすめ、自分も、がぶがぶ飲んだ。

「時にどうです。お前さんはお酒を飲みますかね。」と、旅人は笑いながらまた訊いた。

「酒ですか。飲みますとも……。大好きですが、こういう世の中にいちゃ不自由ですよ。」

「それじゃあ、ここにこんなものがあります。」

旅人は雑嚢をあけて、大きい壜詰の酒を出してみせた。

「あ、酒ですね。」と、重兵衛の口からは涎《よだれ》が出た。

「どうです。寒さしのぎに一杯やったら……。」

「結構です。すぐに燗《かん》をしましょう。ええ、邪魔だ。退《ど》かねえか。」

自分の背中にこすり付いているわが子をつきのけて、重兵衛はかたわらの棚から忙がしそうに徳利をとり出した。それから焚火に枝を加えて、壜の酒を徳利に移した。父にふり放された太吉は猿曳きに捨てられた小猿のようにうろうろしていたが、煙りのあいだから旅人の顔を見ると、またたちまち顫えあがって、むしろの上に俯伏したままで再び顔をあげなかった。

「今晩は……。重兵衛どん、いるかね。」

外から声をかけた者がある。重兵衛とおなじ年頃の猟師で、大きい黒い犬をひいていた。

「弥七どんか。はいるがいいよ。」と、重兵衛は燗の支度をしながら答えた。

「誰か客人がいるようだね。」と、弥七は肩にした鉄砲をおろして、小屋へひと足踏み込もうとすると、黒い犬は何を見たのか俄かに唸りはじめた。

「なんだ、なんだ。ここはおなじみの重兵衛どんの家だぞ。はははははは。」

弥七は笑いながら叱《し》ったが、犬はなかなか鎮まりそうにもなかった。四足《よつあし》の爪を土に食い入るように踏ん張って、耳を立て眼を瞋《いか》らせて、しきりにすさまじい唸り声をあげていた。

「黒め。なにを吠えるんだ。叱っ、叱っ。」と、重兵衛も内から叱った。

弥七は焚火の前に寄って来て、旅人に挨拶した。犬は相変らず小屋の外に唸っていた。

「お前いいところへ来たよ。実は今このお客人にこういうものをもらっての。」と、重兵衛は自慢らしくかの徳利を振ってみせた。

「やあ、酒の御馳走があるのか。なるほど運がいいのう、旦那、どうも有難うごぜえます。」

「いや、お礼を言われるほどにたくさんもないのですが、まあ寒さしのぎに飲んでください。食い残りで失礼ですけれど、これでも肴にして……。」

旅人は包みの握り飯と刻みするめとを出した。海苔巻もまだ幾つか残っている。酒に眼のない重兵衛と弥七とは遠慮なしに飲んで食った。まだ宵ながら山奥の夜は静寂《しずか》で、ただ折りおりに峰を渡る山風が大浪の打ち寄せるように聞えるばかりであった。

酒はさのみの上酒というでもなかったが、地酒を飲み馴れているこの二人には、上々の甘露であった。自分たちばかりが飲んでいるのもさすがにきまりが悪いので、おりおりには旅人にも茶碗をさしたが、相手はいつも笑って頭《かぶり》を振っていた。小屋の外では犬が待ちかねているように吠え続けていた。

「騒々しい奴だのう。」と、弥七はつぶやいた。「奴め、腹がへっているのだろう。この握り飯を一つ分けてやろうか。」

彼は握り飯をとって軽く投げると、戸の外までは転げ出さないで、入口の土間に落ちて止まった。犬は食い物をみて入口へ首を突っ込んだが、旅人の顔を見るやいなや、にわかに狂うように吠えたけって、鋭い牙をむき出して飛びかかろうとした。

「叱っ、叱っ。」

重兵衛も弥七も叱って追いのけようとしたが、犬は憑《つ》き物でもしたようにいよいよ狂い立って、焚火の前に跳り込んで来た。旅人はやはり黙って睨んでいた。

「怖いよう。」と、太吉は泣き出した。

犬はますます吠え狂った。子供は泣く、犬は吠える、狭い小屋のなかは乱脈である。客人の手前、あまり気の毒になって来たので、無頓着の重兵衛もすこし顔をしかめた。

「仕様がねえ。弥七、お前はもう犬を引っ張って帰れよう。」

「むむ、長居をするとかえってお邪魔だ。」

弥七は旅人に幾たびか礼をいって、早々に犬を追い立てて出た。と思うと、かれは小戻りをして重兵衛を表へ呼び出した。

「どうも不思議なことがある。」と、彼は重兵衛にささやいた。「今夜の客人は怪物《えてもの》じゃねえかしら。」

「馬鹿をいえ。えてものが酒やすしを振舞ってくれるものか。」と、重兵衛はあざ笑った。

「それもそうだが……。」と、弥七はまだ首をひねっていた。「おれ達の眼にはなんにも見えねえが、この黒めの眼には何かおかしい物が見えるんじゃねえかしら。こいつ、人間よりよっぽど利口な奴だからの。」

弥七のひいている熊のような黒犬がすぐれて利口なことは、重兵衛もふだんからよく知っていた。この春も大猿がこの小屋へうかがって来たのを、黒は焚火のそばに転がっていながらすぐにさとって追いかけて、とうとうかれを咬み殺したこともある。その黒が今夜の客にむかって激しく吠えかかるのは何か子細があるかも知れない。わが子がしきりにかの旅人を恐れていることも思い合されて、重兵衛もなんだかいやな心持になった。

「だって、あれがまさかにえてものじゃあるめえ。」

「おれもそう思うがの。」と、弥七はまだ腑に落ちないような顔をしていた。「どう考えても黒めが無暗にあの客人に吠えつくのがおかしい。どうも徒事《ただごと》でねえように思われる。試《ため》しに一つぶっ放してみようか。」

そう言いながら彼は鉄砲を取り直して、空にむけて一発撃った。その筒音はあたりにこだまして、森の寝鳥がおどろいて起《た》った。重兵衛はそっと引っ返して中をのぞくと、旅人はちっとも形を崩さないで、やはり焚火の煙りの前におとなしく坐っていた。

「どうもしねえか。」と、弥七は小声で訊いた。「おかしいのう。じゃ、まあ仕方がねえ。おれはこれで帰るから、あとを気をつけるがいいぜ。」

まだ吠えやまない犬を追い立てて、弥七は麓の方へくだって行った。

三

今まではなんの気もつかなかったが、弥七におどされてから重兵衛もなんだか薄気味悪くなって来た。まさかにえてものでもあるまい――こう思いながらも、彼はかの旅人に対して今までのような親しみをもつことが出来なくなった。かれは黙って中へ引っ返すと、旅人はかれに訊いた。

「今の鉄砲の音はなんですか。」

「猟師が嚇《おど》しに撃ったんですよ。」

「嚇しに……。」

「ここらへは時々にえてものが出ますからね。畜生の分際で人間を馬鹿にしようとしたって、そりゃ駄目ですよ。」と、重兵衛は探るように相手の顔をみると、かれは平気で聞いていた。

「えてものとは何です。猿ですか。」

「そうでしょうよ。いくら甲羅経たって人間にゃかないませんや。」

こう言っているうちにも、重兵衛はそこにある大きい鉈《なた》に眼をやった。すわといったらその大鉈で相手のまっこうを殴《くら》わしてやろうと、ひそかに身構えをしたが、それが相手にはちっとも感じないらしいので、重兵衛もすこし張合い抜けがした。えてものの疑いもだんだんに薄れて来て、彼はやはり普通の旅人であろうと重兵衛は思い返した。しかしそれも束《つか》の間で、旅人はまたこんなことを言い出した。

「これから山越しをするのも難儀ですから、どうでしょう、今夜はここに泊めて下さるわけにはいきますまいか。」

重兵衛は返事に困った。一時間前の彼であったらば、無論にこころよく承知したに相違なかったが、今となってはその返事に躊躇した。よもやとは思うものの、なんだか暗い影を帯びているようなこの旅人を、自分の小屋にあしたまで止めて置く気にはなれなかった。

かれは気の毒そうに断った。

「折角ですが、それはどうも……。」

「いけませんか。」

思いなしか、旅人の瞳《ひとみ》は鋭くひかった。愛嬌に富んでいる彼の眼がにわかに獣《けもの》のようにけわしく変った。重兵衛はぞっとしながらも、重ねて断った。

「なにぶん知らない人を泊めると、警察でやかましゅうございますから。」

「そうですか。」と、旅人は嘲《あざけ》るように笑いながらうなずいた。その顔がまた何となく薄気味悪かった。

焚火がだんだんに弱くなって来たが、重兵衛はもう新しい枝をくべようとはしなかった。暗い峰から吹きおろす山風が小屋の戸をぐらぐらと揺すって、どこやらで猿の声がきこえた。太吉はさっきから筵《むしろ》をかぶって隅の方にすくんでいた。重兵衛も言い知れない恐怖に囚《とら》われて、再びこの旅人を疑うようになって来た。かれは努めて勇気を振い興して、この不気味な旅人を追い出そうとした。

「なにしろ何時《いつ》までもこうしていちゃあ夜がふけるばかりですから、福島の方へ引っ返すか、それとも黒沢口から夜通しで登るか、早くどっちかにした方がいいでしょう。」

「そうですか。」と、旅人はまた笑った。

消えかかった焚火の光りに薄あかるく照らされている彼の蒼ざめた顔は、どうしてもこの世の人間とは思われなかったので、重兵衛はいよいよ堪らなくなった。しかしそれは自分の臆病な眼がそうした不思議を見せるのかも知れないと、彼はそこにある鉈に手をかけようとして幾たびか躊躇しているうちに、旅人は思い切ったように起《た》ちあがった。

「では、福島の方へ引っ返しましょう。そしてあしたは強力《ごうりき》を雇って登りましょう。」

「そうなさい。それが無事ですよ。」

「どうもお邪魔をしました。」

「いえ、わたくしこそ御馳走になりました。」と、重兵衛は気の毒が半分と、憎いが半分とで、丁寧に挨拶しながら、入口まで送り出した。ほんとうの旅人ならば気の毒である。人をだまそうとするえてものならば憎い奴である。どっちにも片付かない不安な心持で、かれは旅人のうしろ影が大きい闇につつまれて行くのを見送っていた。

「お父さん。あの人は何処へか行ってしまったかい。」と、太吉は生き返ったように這い起きて来た。「怖い人が行ってしまって、いいねえ。」

「なぜあの人がそんなに怖かった。」と、重兵衛はわが子に訊いた。

「あの人、きっとお化けだよ。人間じゃないよ。」

「どうしてお化けだと判った。」

それに対してくわしい説明をあたえるほどの知識を太吉はもっていなかったが、彼はしきりにかの旅人はお化けであると顫えながら主張していた。重兵衛はまだ半信半疑であった。

「なにしろ、もう寝よう。」

重兵衛は表の戸を閉めようとするところへ、袷《あわせ》の筒袖で草鞋がけの男がまたはいって来た。

「今ここへ二十四五の洋服を着た男は来なかったかね。」

「まいりました。」

「どっちへ行った。」

教えられた方角をさして、その男は急いで出て行ったかと思うと、二、三町さきの森の中でたちまち鉄砲の音がつづいて聞えた。重兵衛はすぐに出て見たが、その音は二、三発でやんでしまった。前の旅人と今の男とのあいだに何かの争闘が起ったのではあるまいかと、かれは不安ながらに立っていると、やがて筒袖の男があわただしく引っ返して来た。

「ちょいと手を貸してくれ、怪我人がある。」

男と一緒に駈けて行くと、森のなかにはかの旅人が倒れていた。かれは片手にピストルを摑んでいた。

「その旅人は何者なんです。」と、わたしは訊いた。

「なんでも甲府の人間だそうです。」と、重兵衛さんは説明してくれました。「それから一週間ほど前に、諏訪の温泉宿に泊まっていた若い男と女があって、宿の女中の話によると、女は蒼い顔をして毎日しくしく泣いているのを、男はなんだか叱ったり嚇したりしている様子が、どうしても女の方ではいやがっているのを、男が無理に連れ出して来たものらしいということでした。それでも逗留中は別に変ったこともなかったのですが、そこを出てから何処でどうされたのか、その女が顔から胸へかけてずたずたに酷《むご》たらしく斬り刻まれて、路ばたにほうり出されているのを見つけ出した者がある。無論にその連れの男に疑いがかかって、警察の探偵が木曾路の方まで追い込んで来たのです。」

「すると、あとから来た筒袖の男がその探偵なんですね。」

「そうです。前の洋服がその女殺しの犯人だったのです。とうとう追いつめられて、ピストルで探偵を二発撃ったがあたらないので、もうこれまでと思ったらしく、今度は自分の喉を撃って死んでしまったのです。」

　親父とわたしとは顔を見合せてしばらく黙っていると、宿の亭主が口を出しました。

「じゃあ、その男のうしろには女の幽霊でも付いていたのかね。小児や犬がそんなに騒いだのをみると……。」

「それだからね。」と、重兵衛さんは子細らしく息をのみ込んだ。「おれも急にぞっとしたよ。いや、俺にはまったくなんにも見えなかった。弥七にも見えなかったそうだ。が、小児はふるえて怖がる。犬は気ちがいのようになって吠える。なにか変なことがあったに相違ない。」

「そりゃそうでしょう。大人に判らないことでも小児には判る。人間に判らないことでも他の動物には判るかも知れない。」と、親父は言いました。

　私もそうだろうかと思いました。しかしかれらを恐れさせたのは、その旅人の背負っている重い罪の影か、あるいは殺された女の凄惨《ものすご》い姿か、確かには判断がつかない。どっちにしても、私はうしろが見られるような心持がして、だんだんに親父のそばへ寄って行った。丁度かの太吉という小児が父に取り付いたように……。

「今でもあの時のことを考えると、心持がよくありませんよ。」と、重兵衛さんはまた言いました。

　外には暗い雨が降りつづけている。亭主はだまって炉に粗朶《そだ》をくべました。――その夜の情景は今でもありありと私の頭に残っています。

三原山紀行

田中貢太郎

　市川猿之助の弟の八百蔵が商業学校へ往ってた時、十九であったが、青春の悩みとでも云うか、ひどく厭世的になって、ふらふら家出して伊豆の大島へ往った。家では八百蔵が居なくなったので心配したが、その夜紅葉館でお母さんの踊りがあったので、その方へ往かなくてはならないし皆でひどく困った。

　一方霊岸島から船に乗って大島へ渡った八百蔵は、元村の旅館に二晩いて考えた結果、いよいよ投身自殺することに腹を定《き》めて、遺書を書き、所持品は小包にして船着場へ持って往き、万端準備が調ったので三原山へ向った。

　その日は朝から雲行きが悪くて暴風雨の兆《きざし》があったが、死ぬる身に天気なんかどうでもよかった。二時頃になって頂上へ辿り着いたが、無論投身自殺の流行しない時であるから、登山者もなく山の上は横なぐりに吹く風ばかりであった。八百蔵はその風に吹かれて噴火口の傍《かたわら》まで往ったが、すぐは飛びこむことができなかった。そこで風をさけながら強い衝動の興って来るのを待っていた。と、その眼に兄の猿之助の姿が映った。八百蔵はほっと吐息した。

その時はもう夕方になっていた、ふと見ると噴火口の中から噴出している水蒸気が赤くなっていた。八百蔵は噴煙の赤いのがたまらなく厭であった。八百蔵はふらふらと起って引返すともなしに引返した。

風はますます酷かった。八百蔵は火口原の砂をあびながらへとへとになって旅館へ帰ったが、その晩から暴風雨になって翌日もその翌日も東京行きの船も出ないので、船着場へ托してあった郵便物は旅館へ帰って来た。八百蔵は金はないし郵便も出せなければ電報も打てないので、やっぱり死んでしまおうと思って室《へや》の中で考えこんでいた。すると学生の一人が入って来た。それはその旅館へ着いた時から、時おり顔をあわせている美術学校の学生であった。

「君は兼光君の知ってる喜熨斗《きのし》君じゃありませんか」

兼光は家の知りあいであった。八百蔵は煩《うる》さかったが返事をしないわけにはいかない。

「そうです」

「そうですか、どうもそうでないかと思ってましたよ、君はひどく沈んでるようですが、どうかしたのですか」

八百蔵は困った。

「いや、べつに」

「何もなけれゃいいのですが、厭世感でもおこしてはいけないですから、それを聞きに来たのですよ、どうです、この家へは、大学生も三人来ているのです、話そうじゃありませんか」

八百蔵はその日から四人の友人ができたので、気もちも晴やかになった。ところで、その晩になって暴風雨の前から八百蔵の隣の室に止宿していた女客がいなくなったので、宿では大騒ぎになった。八百蔵はじめ学生たちの一行も傍観していられないので、宿の人に協力して提灯を点けて探しに往って、御岬の上で女客の履いていた下駄を見つけた。

いよいよ投身自殺したと云う事になって探していると、その夜の明け方になって磯に打ちあげられている女客の死体を見つけたが、それには眼と云わず口と云わず砂が一ぱいつまっていた。

同時に天気もよくなったので、八百蔵は東京へ電報を打った。すると、東京から伯父さんが迎えに来ると云う返電があった。

その日の夕方のことであった。八百蔵はじめ学生の一行が湯に入っていたところで、大学生の一人が湯槽から出て窓の方へ往った。そこは宿の裏庭に面したところであった。と、その学生は窓の外で何か見つけたのか、

「うわッ」

と云って逃げて来た。

「どうした」

「おいどうしたのだ」

大学生は真蒼な顔を見せて窓の方へ指をやった。そこで皆が一斉に窓の外へ往ってみた。微暗《ほの》くなりかけた庭へ乾したままになっていた女物の衣服の両袖から蒼白い手がぶらさがっていた。それは自殺した女客の身につけた衣服を乾してあるところであった。

高原

芥川龍之介

裏見《うらみ》が滝《たき》へ行った帰りに、ひとりで、高原を貫いた、日光街道に出る小さな路《みち》をたどって行った。

武蔵野ではまだ百舌鳥《もず》がなき、鵯《ひよどり》がなき、畑の玉蜀黍《とうもろこし》の穂が出て、薄紫の豆の花が葉のかげにほのめいているが、ここはもうさながらの冬のけしきで、薄い黄色の丸葉がひらひらついている白樺の霜柱の草の中にたたずんだのが、静かというよりは寂しい感じを起させる。この日は風のない暖かなひよりで、樺林《かばばやし》の間からは、菫色《すみれいろ》の光を帯びた野州の山々の姿が何か来るのを待っているように、冷え冷えする高原の大気を透《とお》してなごりなく望まれた。

いつだったかこんな話をきいたことがある。雪国の野には冬の夜なぞによくものの声がするという。その声が遠い国に多くの人がいて口々に哀歌をうたうともきければ、森かげの梟《ふくろう》の十羽二十羽が夜霧のほのかな中から心細そうになきあわすとも聞える。ただ、野の末から野の末へ風にのって響くそうだ。なにものの声かはしらない。ただ、この原も日がくれから、そんな声が起りそうに思われる。

こんなことを考えながら半里もある野路を飽かずにあるいた。なんのかわったところもないこの原のながめが、どうして私の感興を引いたかはしらないが、私にはこの高原の、ことに薄曇りのした静寂がなんとなくうれしかった。

山へ登る少年

阿刀田 高

「なにか怖い話、ありませんか」

私はいつも友人たちに尋ねる。

人がどんなことに恐怖を覚えるものか、職業的な関心が心の中に巣食っている。こうして得たものが小説の題材になるならば、これ以上の収穫はない。

こう尋ねられて、すぐに手ごろなエピソードを語ってくれる人は少ない。大ていは口籠《くちごも》る。

「怖いったって、いろんな怖さがあるからなあ」

「どんな怖さでもかまわない」

「ウーン」

だれしも一つや二つ恐怖の体験を持っているはずなのだが、にわかには思い出せないものらしい。たとえ思い浮かんだとしても、ある日自分が感じた恐怖の感情を、時間をへだてた今そのままに再現して他人に語るのはむつかしい。こんなこと、ほかの人も本当に恐ろしいと思うだろうか、といった配慮が先に立つ。人間の邪心、秘密、恥部などともかかわりのある話題なので、あからさまに語りにくい場合もあるのかもしれない。

「ガール・フレンドのアパートに夜中の二時頃いたんですよ」

　Ｆさんは少しはにかみながら話してくれた。はにかんだのは〝真夜中に女性の家にいた〟という秘密に対してだろう。

「突然、電話のベルが鳴ったんですよ。受話器を取ったけれど、なにも言わない。それから少したって外の階段を昇る足音が聞こえてブザーが鳴ったんですね。でも、彼女は出ようとしない。なんだかおびえている。僕が覗《のぞ》いてみたけど、だれもいない。帰った足音は聞こえなかったのに」

「それで？」

「それでおしまい。その時はやけに怖かったんだけど」

「君としては、どういう結論をつけたわけ？」

「まあ、彼女のボーイ・フレンドが近くを通りかかり、電灯がついているんで電話をかけ、それから訪ねて来たんじゃないのかな。ところが、中の様子をうかがうと、だれか来ているらしいので足音を忍ばせて帰った……」

「そんなところでしょうね」

　これだけでは小説の材料にもなりにくい。そのとき怖かったのは、Ｆさんと女性との関係がなにかの意味で人目をはばかるものであり、その場は緊迫感に充ちていたからだろう。たとえば、人妻であったとか。

「怖い話じゃないけど、不思議な話なら一つある」

Sさんも昔話を思い出してくれた。

「はい？」

「田舎に住んでいた頃、叔父貴が駅に着いて〝これからそっちへ向かうから、途中まで迎えに来てくれ〟って言うんだよ。それで俺はすぐ家を出たんだ。一本道でね。ほかの道なんかありゃしないんだ。当然注意しながら行ったんだけど、途中で会わない。とうとう駅まで行っちまって、それから家へ戻ったら、もう叔父貴は先に着いている。〝どうしたんだ？〟〝叔父さんこそどこを来たんですか〟同じ道なのになぜ会わなかったのか、いくら話し合ってもよくわからなかった」

似たような体験は私にもある。同じ道を同じ頃あいに歩いたはずなのに、なぜ会えなかったのか。一方がタバコ屋へ立ち寄り、その事実を忘れてしまったとか、あるいは実は同じ道ではなかったとか、なにか合理的な説明が隠されているのだろうが、それとはべつにどこかに異次元の空間が道を開いているような、そんな奇妙な違和感をふと覚えることがあるものだ。


いつも思うことなのだが、恐怖というものは原始的な感情でありながら、その発生の事由についてはなかなか微妙な側面を持っているようだ。その瞬間の心理状態、健康状態、脳味噌の働きぐあい、相手の表情、周囲の風景、彩光、気温その他もろもろの条件が、焦点を結ぶように一カ所に集まって強い恐怖の情況を作るのではあるまいか。逆に言えば、条件が一つ欠けても恐怖の度合いはたちまち薄くなってしまう。似たような情況をもう一度再現してみても、どこか少し違っていると前と同じように怖いとは言えない。

「あれは、なぜか怖かったな」

さらにもう一人の友人Mさんは遠い風景を望み見るように眼をしばたたいて言った。

「山から一人帰って来る途中だったんだけどね」

Mさんの趣味は山登りだ。その山の名も聞いたと思うのだが、忘れてしまった。登山家が足ならしのために登る程度の、かなり嶮《けわ》しいコースだった。麓《ふもと》に温泉の村がある。季節は晩秋。夕暮れどき。山はすでに冬枯れて、振り返れば灌木《かんぼく》の荒野が粗いスロープを作って山頂まで寒々と続いていた。

彼は一足、一足降りて来た。山麓《さんろく》の村まであと二、三キロだろう。ふっとため息をつき、麓のほうを眺めると、だれかがまっすぐにこちらのほうへ歩いて来る。みるみる近づいて来る。

——えっ？——

ポカンと口を開いてその姿を凝視した。この時刻に山へ登る人は、まあ、いない。しかも登って来たのは丸坊主の男の子だった。

男の子はただ一心に山頂を見つめている。片時も目をそらさずスタスタと灌木の中を登って来る。

なんのために？

どこへ行くのか？

そう思ううちにも、男の子はMさんの脇を通り抜け、なにかに憑《つ》かれたようにひたすら登り続ける。その目つきと足取りが尋常ではない。

山の斜面に沿って後姿がどんどん小さくなる。黒い点となり、やがて暮色の中に消えてしまった。

「ただそれだけのことなんだがね。得体の知れないものに見えたな。いくら考えてみてもいまだになんだったのかわからない」

この恐ろしさは、いくらか私にもわかるような気がするのだが、Mさんは自分が感じた通りの恐怖を伝えかねているらしく、いくぶんもどかしそうに首をかしげた。

今では少年に出会ったことさえ、現実ではないような気がするんだとか……。

山の幻影

石井鶴三

○○様

先日あなたから、こんど「みづゑ」の山岳号が出されるということを聞いて、山に対して深い愛をもっている私は、自分のことのようにうれしさを覚えました。しかして何か山のお話を申し上げるお約束をしてしまいました。今日はもう〆切の日です、さあ何から申しましょう。

私はどうしてこんなに山が好きになったのでしょう。私の初めて山に接したのは、今から十余年前山本鼎《かなえ》さんと氏の郷里の信濃に旅した時で、その時浅間に登山したり碓氷《うすい》を越えたりして、はじめて山というものを知ったのです。それから日本アルプスの連山へゆくようになって、すっかり山が好きになって、もう山から離れられぬものになってしまいました。その頃の私は非常に苦しい生活をつづけていたのでしたが、山を知ってはじめて極楽世界を発見した思いがしました。

それからは夏冬の休暇を得るごとに山へ行って、山によって慰められ励まされ教えられ叱られ、だんだんその苦しみから離れてゆくことが出来てきました。はじめは遠方にあった山がだんだん近くなって、近頃では東京にいて山が見られるようになりました。山を東京へもってきたのですね、いや、はじめから東京にも山はあったのでしょうが見えなかったのです。それが見えるようになった時は雀躍《じゃくやく》して喜んだものです。東京の街の中に人間の中に、山が見られるのですから、こんなうれしいことはありませんでした。

山というと信濃を思います。信濃の人が好きです。人間の中に山を見ることを教えられたのも間接には信濃の人からです。信濃の人は山の子です。山をもっています、山の変形です。だんだん言葉がへんてこになってきましたね。最初のうちは、山へゆくとむやみにうれしくなって、よくスケッチなどして歩いたものですが、だんだん山と仲よしになってくると、絵などかいてはいられなくなってきました。どうも近頃では、山の懐《ふところ》に抱かれて静かに夢を見ているのが一番いいようです。たまに絵の具など出すとかえって心を傷つけられるようでしてね。

私が日本アルプスへ入っていった動機がちょっとおかしいのです。山崎紫紅さんの「佐良佐良《さらさら》越《ごえ》」といったかと思いますが、あの戯曲の中に立山村の猟師で常太夫というのが、自分の発見したという信州への近道を佐々成政に教えるくだりに、針木峠という言葉がありました。その針木峠が妙に私の胸へひびいたものです。しかして地図を見ると、立山のうしろ、大町の西に、ちゃんとその名が記されてあるのでした。「さあ針木へ行こう、針木へ行こう」。しかして行ったものでした。あのあたりが日本アルプスとよばれているということを知ったのもその頃でしょう。行くまではあのへんは何か険しい岩の聳《そび》え立った、支那の山水画にあるような景色か写真で見ていた欧州アルプスの有様を、想像していたのですが、すべてちがっていて非常に優しい穏やかな感じで、驚きもしかつ一層の懐かしさを覚えました。それから毎年あのへんへ行っていましたが、私の感じからいうと日本アルプスという名はあまりふさわしくないように思いますが。

日本アルプスの中で一番いいと思ったところは、針木から槍の間です。あのへんへは始終行ってみたく思います。白い山、赤い山、黒い山、灰色の山、青い山、尖《とが》った山、まるい山、ああ天国ですね。雲は不思議なものです、動物のようです。雷鳥、可愛い鳥です。岳の上を、偃松《はいまつ》の間を、雛《ひな》をつれて悠々と遊んでいます。冬になるとあの朽葉《くちば》色《いろ》の羽が雪のように真白くなるということです。

お花畑、高山の草花は実に可憐なものですね。死ぬ時はあの花の中に埋もれて花の香の中に眠りたいと思います。先年甲《か》斐《い》白峰《しらね》の山上で、雨にふりこめられて一昼夜草花の中に桐油《とうゆ》をかぶってねていたことがありましたが、実際あのまま死んでもいいと思ったものです。

森林、さるのおがせのさがった樺の森林、白緑色の唐檜《とうひ》の森林を思います。渓流、ああ森林から渓流のところまで来たところでちょっと他のお話を申しましょう。

近頃山へゆくと妙なものが見えるようになりまして、よく裸の男や女を見るのです。岳の上に大きな男が立っていたり、森の中で美しい少女や老爺《ろうや》が歩いていたりします。森林の中のあの若い女は何でしょう。ある時は樹の上にのっています。ある時は樹の幹によって立っています。一昨年八ヶ岳へ行った時その少女は森の中で笛を吹いていました。その時です。山を下って来ると森の端に薄墨色の男が立っていて、ジッと私を見ていた時は思わずギョッとしました（先日お目にかけましたのは、これをちょっとスケッチしておいたものです）。

それから今ひとつ恐ろしいほど印象のはっきりした光景をお話しましょう。それは先年甲斐白峰の奥の田代川の上流の渓谷へ入った時です。小西俣といったかと思います。白檜《しらべ》の密林の中を渓流がはしっているところで野宿した翌暁のことです。渓は霧でした。樹からは、ぽたぽたとしずくが滴《したた》っていました。私は起き出て渓流に沿って歩いていったのです。すると、ゆくてに流れの中で美しい真白な少女がしきりに水浴をしているので、ヤーと思って私はしばらく一心に見つめていたのですが、そのうちふと目を右手の森林の中へ移すと、私のすぐ数歩の所に黄色い皮膚の老爺が腕ぐみをしていてジッとその少女を見つめているではありませんか、その時私はゾッと身に寒さを覚えたものです。その瞬間老爺も少女も見えなくなってただ水の音ばかりが前にも増して耳にひびいてくるのでした。

無論、幻影を見たのであろうとは思います。しかし幻でも何でもようございます。あの少女や老爺は、やはりあの森林の中に住んでいるのだと私は信じています。しかして私が訪れるたびに折々その姿をあらわしてくれるのはうれしいことです。私の行った時北岳の上で遠く仙ヶ丈岳の渓から斧《おの》の音の来るのを聞きました。人間があんな奥まで入ってきて、木を伐っていって紙にこしらえるのだということです。あの森林も年々荒らされてゆくことでしょう。あのなつかしい森の少女や、老爺も年々住みにくくなることでしょう。悲しいことです。

霊山の話

加門七海

年に数回、登山をする。

だが、登山が趣味かと言われると、そこまでではないし、少し違う。

山そのものも好きだけど、私が登るのはやはり、霊山だの聖山だのと呼ばれる場所だ。

もっとも、日本の山のほとんどは修験者《しゅげんじゃ》達が入っているので、なんらかの跡は残っている。しかし、その中でも、心惹かれる山というのは限られている。

数年前、友人S美と連れ立って、出羽三山《でわさんざん》を縦走した。

羽黒山《はぐろさん》で前日泊。翌朝から月山《がっさん》に向かって、頂上小屋で一泊。そして、湯殿山《ゆどのさん》に下りるという行程だ。ゆったり時間を使えるのは、モノ書きという仕事の特権だろう。

改めて説明するまでもなく、出羽三山は修験の山だ。だが、この山々にはもうひとつ、恐山《おそれざん》同様の「他界」という顔がある。

在地の人達は、死後、魂は出羽三山に向かうと語る。実際、登山ののちに訪れた注連寺《ちゅうれんじ》にて、お坊様はこう仰《おっしゃ》った。

「この廊下の先に扉があるでしょう。そこを開けると、月山が見えるんです。この辺りの人達は、亡くなるとこの寺のこの廊下を通って、月山に向かうんですよ」

「ここを通って？　本当に？」

自分の立っている廊下を見下ろし、私は訊《き》いた。

「泊まってみますか。わかりますから」

私の問いに、お坊様は挑発するように微笑《ほほえ》んだ。

魅力的ではあったけど、私は誘いに乗らなかった。なぜなら既に、出羽三山にて怖い思いをしていたからだ。

——最初は羽黒山だった。

死後の山と言われるだけあり、山道の途中には、ときどき賽《さい》の河原《かわら》を思わせる風景が広がっていた。

出羽《いでは》神社周辺にも、古い墓が並んでいる。その中のひとつに、連れのS美が興味を示して入っていった。

私は手前で留まった。何がどうというわけではない。単純に「入りたくない」と思ったからだ。

彼女はなんの躊躇《ためら》いもなく、墓地の奥に進んでいく。

S美はこういうものに興味があるくせに怖がりで、今回の旅行においても、最初から私に釘を刺していた。

——何かが見えても、絶対に言うな、と。

ゆえに、私はその墓地も気味悪いとは思いつつ、彼女が奥に入っていくのを黙って見つめていただけだった。

S美が奥に進んだ理由は、歴史のありそうな五輪塔や、板碑《いたび》らしきものがあったからにほかならない。彼女はそれらを目指しつつ、ふと、背の低い墓の前で足を止めた。

（やだなあ）

私は眉を顰《ひそ》めた。

（あんなもの、見ないほうがいいのに）

遺族が為《な》したか、あるいは誰かが落とし物でもひっかけたのか、墓には古いデザインの背広が着せかけられていた。焦《こ》げ茶《ちゃ》のツイード生地であるのが、遠目からでも見て取れる。墓石の幅がちょうど人の肩幅程度であるために、その背広はまさに、人間が肩に掛けているように思われた。

S美が私に視線を向けた。そして、駆け戻ってきた。

「走るな！」

とっさに、私は叫んだ。

「ゆっくり……振り向かずに、ゆっくり戻って」

どうして、そのとき、そんなことを言ったのかは憶えていない。だが、彼女は顔を引きつらせ、私の指示に従った。そして、なぜ走ったのかと訊いた私に、

「あんた、ものすごい顔しててんだもん」

と、失礼な台詞《せりふ》を吐いたのだった。

「仕方ないでしょ。変なことがあっても、口に出すなって言われてたんだから」

「な、何かあったの？」

「別に。でも、どうして、あの墓の前で立ち止まったの？　どう見ても怖い感じじゃない」

「怖いって？」

「背広を着せているお墓なんか怖いでしょ」

「そんなものは、なかったよ」

「え？　それを見ていたんでしょう」

「私、そんなもの、見てないよ！」

彼女は叫び、私を睨《にら》んだ。

気味の悪さは残ったが、どちらかの勘違いという可能性もある。S美は約束を破ったと、私に文句を言い続けた。が、日の暮れる頃には、お互いにその話題にも飽きてきた。私達は翌日の月山登山に備えて、寝床に入った。

月山は今、八合目から登り始めるのが定番だ。修験の山とはいうものの、観光客や講《こう》の人など、大勢が登る三山の道は整えられている。

翌日、天気に恵まれた我々は、ゆっくりと山を登っていった。

昼食は、途中にある仏生池《ぶっしょういけ》で摂《と》ると決めていた。そこに至ると「仏生池」という名にふさわしく、お地蔵様が祀《まつ》られて、風車《かざぐるま》がいくつも奉納されていた。

水子供養の場で、ご飯とは。

やれやれと思いつつ、お地蔵様前のベンチに座る。空は雲ひとつなく、表面的には最高の日和だ。しかし、そこで我々がおにぎりを頬張り始めた途端、風車がひとつだけ、激しく回転し始めたのだ。

気づいたときには、もう、遅かった。ベンチに座った私の膝に、赤いスカートを穿《は》いた女の子が、両手で縋《すが》りついていた。

なかなか、可愛らしい……などと思ってしまってはまずい。

私はさりげなく、S美に訊いた。

「ねえ。このお地蔵様に、おにぎりとかお供えしたら、ダメかなあ」

「ダメに決まってるでしょう」

きっぱりとした口調で、S美は言った。

「山じゃ、そういうものは、すべてゴミになるんだから。食べきれなかったら、持って帰らないと」

そういう意味ではないのだが。

ともかく、そのひと言で、女の子の姿は消えた。同時に、激しく回っていた風車の動きもぴたりと止んだ。私はホッとしながらも、なんとなく、その女の子に悪いことをしたような気持ちになった。

その情《なさけ》が仇《あだ》になったと知ったのは、昼食を終え、月山頂上を目指し始めてからだった。異常に、体が重いのだ。

最初は、食事直後だから体が動かないのだと考えた。しかし、それから暫《しばら》くしても、一向にペースは上がらない。

荷物が、いや、足が重い。水の中を歩いているように、どうにも足が上がらない。

私のペースに合わせていたS美がついに、音《ね》を上げた。

「このままじゃ、小屋に着く前に日が暮れちゃうよ！」

仏生池から頂上までは、一時間半で着くはずだった。出発したのは午後一時。なのに、二時を回っても、行程の半分にも至っていない。

S美に言われるまでもなく、このままでは非常にまずい。

（勘弁してくれ）

心で悲鳴を上げながら、私は道端に座り込んだ。そして、息を整えながら、最終手段としてS美に告げた。

「この先、私は私のペースで登っていってもいいかなあ」

「いいけど……。大丈夫？」

「うん。多分」

了承を得て、私は立った。そして、山の上だけを見つめて、私は走り始めた。

予想外の行動に、S美が驚いているのがわかる。が、それに構う余裕はない。私は可能な限りの速度で、頂上への道を登り続けた。途中、追い抜いた団体から「速いなあ」という声が聞こえた。それほどのスピードを出しながら、歯を食いしばって登っていくと、徐々に体が軽くなってきた。

もう少し。

勢いを得て、速度を上げる。と、岩場を乗り越えたその瞬間、足が完全に解放された。

（やった。離れた！）

これもまた、どうして、こうすればいいと思ったのか、そこに至る理屈は憶えていない。前日の墓地では、S美に走るなと言い、今回は走るべきだと思った。その違いもまったくわからない。要は自分の感覚だけだ。が、この感覚や勘に従えば、大きな災いには至らない。それだけは経験で知っている。

もう少し先まで登ったのち、私はS美が追いつくのを待った。

「何をしたの？」

彼女は訊いたが、私はさあ、としか答えなかった。怖いことを言ってはダメだと、念押しされていたからだ。

無事に着いた頂上の夜は、美しく、また穏やかだった。しかし、その達成感も感動も、ひと晩限り。翌日、私達はこの旅最大の怪異に見舞われてしまったのだ。

墓地の背広や、仏生池の女の子に関係していたのかどうか。いや、多分、まったく関係ない……あれは月山という山そのものの怪異だったに違いない。

見事なご来光に手を合わせたのち、私達は下山ルートに入った。

今日は月山から湯殿山に抜ける。途中、ややきつい岩場があるが、道は一本。ほかの登山客も多くいるので、安心できる下山路だ。

所要時間は約三時間。それだけだと物足りないので、我々は途中にある姥《うば》ヶ岳《たけ》に登ることにした。それで、四時間。昼食と休憩を含めて、予想される所要時間は余裕をもって五時間半。朝七時に小屋を出たので、遅くとも午後一時過ぎには、湯殿山に着くという予想を立てた。

姥ヶ岳までは順調だった。ほかの登山客とも会話を交わし、観光客に相応《ふさわ》しい、いかにもの山《さん》行《こう》を楽しんだ。

様子がおかしくなったのは、昼を過ぎ、川と呼ぶにも至らないせせらぎを飛び越えた辺りからだった。

そこで休憩している最中、私は仰《あお》ぎ見た登山路を下ってくる人に気がついたのだ。

「あとから誰か来てるから、あの人が行ったら出発しよう」

木《こ》の間《ま》から見えたのは、ひとりの中年男性だった。今時、白いチューリップハットを被り、小さめの白いリュックを背負っている。白い衣装を身につけるのは、信仰者ではよくあることだ。

私は彼をそういった信仰登山の中のひとりと判じた。

しかし、いくら待っても、その男性は私達の前に現れなかった。

「来ないなあ」

「おかしい。もう二十分、待ってるよ」

いい加減、こちらも出発しないとならない時間だ。

「まさか、谷に落ちてたりして」

「落ちるようなところはないでしょ」

「けど……確かに、いたよねえ？」

私の言葉に、S美が強く首を振る。

「私はそんな人、見てないわ」

またか。

ともかく、我々は遅れた分を取り戻そうと、ペースを上げて歩き始めた。ところが、下りても、下りても、下りても――一向に山道が終わらないのだ。

険しい岩場が蜿蜒《えんえん》と続く。

それなりの時間が掛かっているのは、時計と、日の傾きと、足の疲れから承知している。もう、二時間歩きっぱなしだ。なのに、山から出られない。

妙だ。いや、変なのは、長すぎる登山路だけではない。時計が三時を回った頃、私はもうひとつ、釈然としないことに気がついていた。

――誰にも会わない。

山頂に、あれだけの人がいたのに。途中、何組ものパーティを追い抜かしたはずなのに。あのせせらぎを越えて以降、チューリップハットの男を見て以来、私達は誰にも出会っていない。

道を間違えたのか。

あり得ない。間違えようのない一本道だ。

なのに、どうして、夕暮れがもう迫っているのに、湯殿山に出られないのだ。

重苦しい緊張が募《つの》ってきた。気がつくと、私はお守りを握って祈り始めていた。

(お願い。出して。山から出して)

その願いが届いたのか。それから尚も一時間ほど歩いたのち、突然、目の前の景色が開けた。

「着いたあ……!」

もう、膝がガクガクだ。

山道の終点は仙人沢。そこには、山で亡くなった行者達を葬る墓地がある。どちらが誘うでもなく、我々はふらふらとそこに入っていって、中央にあるお堂に合掌した。

途端、高い音がして、私のリュックから、熊避《よ》けにつけていた鈴が転がり落ちた。紐は切れていない。にも拘《かか》わらず、鈴だけが落ち、ひとつの墓の前に留まったのだ。

その鈴は以前、観音巡礼をしたとき、買ったものだった……。

私達は顔を見合わせ、これもどちらが言い出すでもなく、鈴の止まった墓に手を合わせた。

理由も理屈もどうでもいい。ただ、これでもう、道は終わった。山から逃れられたのだ。そう考えたのは確かなことだ。

振り向くと、団体らしい登山客が列をなして、山を下ってきていた。先に進むと、姥ヶ岳で会ったご婦人が、目をしばたたいて声を掛けてきた。

「あら。今、下山? 遅かったわね。どこで追い越したのかしら」

笑ってごまかす以外、方法はない。

まあ、いい。戻れたのだから。

ちなみに――。

月山にて、過去、神隠し的行方不明者が多く出ていると知ったのは、東京に戻ってのちのことだった。

一眼一足の怪

柳田国男

『紀伊国続風土記』巻八十、牟婁《むろ》郡色川郷樫原《かしはら》の条に、昔一蹈鞴《ひとつだたら》と称する妖賊《ようぞく》ありて、熊野の神宝を奪い雲取の旅人を掠《かす》む。狩場刑部左衛門《ぎょうぶざえもん》なる者三山衆徒の頼みに応じこれを退治しその功をもって三千町ある寺山を色川郷十八村の立合山にしてもらい、死して後はこの地に王子権現と祀られたとある。南方《みなかた》先生は曰く、右のヒトツダタラはただの泥坊ではあるまい。熊野の山中には今でも「一本ダタラ」という怪物住むという。その形は見たものがないが、幅一尺ばかりの大足跡を一足ずつ雪の上に印して行った跡を見るという。このダタラは多分かのダイダラ法師のダイダラと同じく大人を意味する語で、漢字に書けば大太郎で、すなわち元は大男の異名であったろう云々。何太郎を何ダラという例は三太郎法師をサンダラボッチ、沖縄の芝居にも京太郎と書いてキョーダラというのがある。また大力の男を大太郎というのは、『宇治拾遺』には盗賊の頭の大太郎、『盛衰記』には日向嫗岳《ひゅうがうばだけ》の神の子に大太童などがある。また一足の怪ということは熊野ばかりの話ではない。安芸《あき》の宮島でも雪の晨《あした》に廻廊の屋根舞台の上などに、常人の足を三つ四つも合せたほどの大足跡が、一丈ばかり隔てて雪の上に印していることがあるといい（芸藩通志十七）、土佐でも高岡郡大野見郷島ノ川の山中で、文政の頃官命をもって香篁《こうたけ》を養殖している頃、雪中に大なる足跡の一二間を隔てて左足ばかり続いているのを見た者がある。あるいは右足ばかりの跡もある。これは「一つ足」と称して常にある者である。香美《かみ》郡にもあるという話である（土佐海続編）。宮島の方は左右の足で大股《おおまた》に歩いたのかも知れず、土佐の「一つ足」もただ片足で飛んだのかも知れぬが、土佐にはずっと前から隻脚にしてさらに片目なる怪物が山奥にいると伝えられ、しかもそれは山男のことだとの説もある。高知藩御山方の役人春木次郎八繁則という者、宝暦元年四十歳で土佐郡本川郷の山村に在役中見聞を筆記した書物に「山鬼というものあり、年七十ばかりの老人のごとし。人に以《に》たり、眼一つ足一つ、蓑《みの》のようなる物を着す。本川の人『山ジイ』という。俗にいう『山チチ』なるべし。変化《へんげ》の物にあらず、獣の類なる由、されど常に人に見ゆることなし。大雪の時足の跡あり、人往来の道を通る。六七尺に一足ずつ足跡あり、丸き物なり、径四寸ばかり、たとえば杵《きね》にて押したるように足跡あり、飛び飛びして行くよし、足跡は見けれどもその姿を見ず、越裏門《えりもん》村の忠右衛門という者の母は行き逢いたる由、昼のことなり、人のごとくたこりて来るとなり。忠右衛門母は行きちがいけれども、見返りたれば行方なしという。あまり胆を潰《つぶ》し家へ立ち帰り、行く所へ行かずやめたり、何事もなし。昨日のことと語りしままに書付けおくなり」とあり、またその次には「山鬼と蛇と百足《むかで》と道行くことを争いたるという書あり、その書の名を忘れたり、サンキはけだものなり」ともある（寺川郷談）。この話は多分足の一本の者とない者と百ある者との争いであろう。されば山城八瀬村の元祖のごとくいう山鬼などと別で、この辺では山鬼は足一本ときまっていたのである。これよりは時代は大分後かと思われる土佐の怪談集の中にまたこんな説もある。「ある人云く、この一眼の者は土佐の山中には見る者多し、その名を山爺という。形人に以《に》て長《たけ》三四尺、惣身《そうしん》に鼠色の短毛あり、一眼ははなはだ大にして光あり、一眼ははなはだ小さし。ちょっと見れば一眼と見ゆるなり。人多くこれを知らず、一眼一足という。歯ははなはだ強き物にして、猪猿などの首を人が大根類を喰うごとくたべ候由。狼この物をはなはだ恐れ候ゆえ、猟師この山爺を懐《なつ》け獣の骨などを与え、小屋に掛けたる獣の皮を狼の夜分に盗み取るを防がする由、土州の人の話なり」（南路志続編稿草二十二）。本川郷の山爺には身長の記事がないが、六七尺に一足跡とあるからは三四尺の小男とはとうてい思われぬが、それにしても杵で押したような丸い跡とあるなど熊野の話とも打ち合わず、しかも見たことはないという本物の話ばかりが一致するのも妙である。また雪の中の足跡などに右とか左とかがそう明瞭に分るわけはないから、結局山中の怪物が片足だということは、別に何かかく想像すべき理由があったのではあるまいか。片目という方はいよいよもって空な話のように思われる。しかしこれをいうのは土佐ばかりではなかった。『阿州奇事雑話』巻二の山父・山姥の話は、半分以上『笈《きゆう》埃《あい》随筆』や『西遊記』などの受売りと見受けるが、しかもその末に録した同国三好郡の深山で山父が小屋へ来て、例のごとく人の心を読んだという話の中に、その山父が一眼であったことを述べている。『落穂余談』巻五にはまた次のような話もある。「豊後のある山村の庄屋山中に猟する時、山上二三尺のくぼたまりたる池の端に、七八歳の小児惣身赤くして一眼なる者五六人いて、庄屋を見て竜の髭《ひげ》の中に隠る。これを狙《ねら》い撃つに当らず、家に帰れば妻に物憑《つ》きて狂死す。我は雷神なり、たまたま遊びに出たるに何として打ちけるぞといいけり。これを本人より聞きたる者話すといえり」。山猱《さんどう》一足にして反踵《はんしょう》とは支那の書物にもあるそうだが、これら山にいる大小いろいろの一つ目が、何ゆえに一つ目と伝えられているかについては、なお研究せねばならぬと思う。

不思議な縁女の話

佐々木喜善

一

生れながらにして、人間以外の物に、即ち妖怪変化の物の処に縁付くべき約束のもとにあり、其の娘が齢頃《としごろ》になると種々な形式でもって其処に嫁いで行くと言うような口碑伝説が幾何《いくら》もある。

岩手県上閉伊《へい》郡釜石町、板沢某と言う家の娘に見目好《よ》きものがあった。この娘ある日桑の葉を摘むとて裏の山へ行ったまま、桑の木の下に草履を脱ぎ棄てておいて其儘《そのまま》行衛不明になった。家人は驚いて騒ぎ悲しんでいると其処に一人の旅の行者が来かかり其の訳を聞き、曰く、今は歎くとも詮方ないだろう。実は此娘は生れながら水性の主の処へ嫁ぎ行くべき縁女と生れ合せていたので、今は丁度其の時期が来て、これから北方三十里ばかり隔った閉伊川の岸腹帯《はらたい》という所の淵の主の許に行ったのだ。然《しか》し生命には決して別状ある訳ではなし、却而《かえって》今では閉伊川一流の女王となっていることであろう。而《しこう》してこれからは年に一度ずつは必度《きっと》家人に逢いに参るであろうとの話であった。

此の板沢家には氏神に大天馬《だいてんば》と云う祠がある。其の祭りは秋九月頃らしいが、其の前夜には必ず其の娘が家に戻って来る。玄関には盥に水を汲み入れ其の傍らに草履を置くと常に其の草履は濡れ水は濁りてあったと言うことである。後世、明日は大天馬祭りだから今夜は板沢の老婆が来ると言うような言い伝えになったのであるが近年は如何《どう》だか分らぬ。

此の腹帯の淵についての伝説はまだまだ後にもある。此の淵の附近に農家が一軒ある。或る時此の家の家族同時に三人まで急病に罹った。なかなか直らない。ところが或る日何処からとなく一人の老婆が来て曰《い》うには、此の家には病人があるが其れは二三日前に庭前で赤い小蛇を殺した故だと言う。家人はそれを聞いて如何にも思い当り折返していろいろと訊くと、其の小蛇は実は此の前の淵の主《ぬし》の使者で、此の家の三番娘を嫁に欲しいので遣わしたのであった。どうしても三番目の娘は水で死ぬとのことであった。其の話を聞いていた娘は驚愕と恐怖の余りに病気になった。そうして医薬禁厭の効無く遂々《とうとう》死んでしまった。（其の娘が病気になると同時に、他の三人の病人は忽ちに直った。）そう言う死によう故に家人は娘の死体をば夜中窃《ひそか》に淵の傍《ほと》りに埋め、偽の棺を以って公の葬式はした。一日ばかり経ってから淵のほとりに行って見ると埋めた処には既に娘の屍は無かった。この話は大正五年頃の出来事である。

其れからは其の娘の死亡した日には、例え三粒降るまでも其の家の庭前に雨が降る。亦其の淵に石木等を投げ入れても必ず其の家の庭に雨が降ると言う。此の部落では娘の家への遠慮から淵で子供等が水浴することを厳禁している。どう言うことでも此の淵に障《さわ》ると其の家の屋根に雨が降りかかるので、これは其の美しかった娘の我が屋への何かの心遣いであろうと言うのである。

そして何処の何人《だれ》が言い出したともなく其の娘は其の淵の三代目の主へお嫁に行ったのだと言うことが伝承された。二代目には上閉伊郡甲子村コガヨとかコガトとか云う家の娘が上ったと言われている。其の家では隣りの釜石の祭礼には玄関に盥に水を入れ草履を揃えて置けば、水が濁り草履は又濡れているとも云われ、其の日には必ず雨降ること今日も同じであると言うことである。

（佐々木註。此の話は釜石町板沢家の大天馬祭の口牌と同じか。「土の鈴」第十四輯山本鹿州氏の記事参照）

二

岩手県上閉伊郡松崎村字ノボトに茂助と云う家がある。昔此の家の娘、秋頃でもあったのか裏の梨の木の下に行き其処に草履を脱ぎ置きしままに行衛不明になった。然し其の後幾年かの年月を経ってある大嵐の日に其の娘は一人のひどく奇怪な老婆となって家人に遭いにやって来た。其の態姿は全く山婆々のようで、肌には苔が生い指の爪は二三寸に伸びておった。そうして一夜泊りで行ったが其れからは毎年やって来た。その度毎に大風雨あり一郷ひどく難渋するので、遂には村方からの掛合いとなり、何とかして其の老婆の来ないように封ずるようにとの厳談であった。そこで仕方なく茂助の家にては巫女山伏を頼んで、同郡青笹村と自分との村境に一の石塔を建てて、ここより内には来るなと言うて封じてしまった。其の後は其の老婆は来なくなった。其の石塔も大正初年の大洪水の時に流失して今は無いのである。

同郡上郷村の某所に一人の容貌美しき娘があって、ある時急病で死んだ。一郷一村其の死を嘆かぬものがなかった。それから三年程経って或る時同村の狩人六角牛山《ろくこうしざん》と言う深山に狩りに行き、カウチの沢と言うに迷い入ると、大変なガロに行き当った。扨《さ》てそれからは何処へも行き得ぬので立ち止まり行手の方を見るとある岩の上に一人の女が立っている。おや不思議だ何物かと思ってよく見ると、其れは先年死んだ筈の村の娘である。狩人は驚いて、其処にいるのは某ではないか？　と言うと、女もさも懐かしそうに下を見下して、はいと答う。狩人はどうしてお前はこんな処に来ておった。家ではお前は死んだものとばかり思って嘆き悲しんでいるのにと言うと、実は私は死んだように見せかけられて、こんな深山に連れて来られております。私を見たと言うことを村に帰っても決して言ってくれるなと女は言う。狩人は重ねて其れはどうした訳かと問うと、私は夫との間に幾人かの子供もあったが、夫は皆俺に似ぬからと言って何処へか持って行ってしまう。多分殺して喰うことと思います。其れが怖く辛くて幾度か此の山を逃げ出そうと思っても、もう心にそう思ってさえ直ぐに覚られて其れを責められる。今はもうあきらめて此処で死ぬ決心をしております。夫は普通の人間とそう違いがないがただどうも疑い深くて困ります。そして私には普通の語で話すけれども、時々寄り集まって来る朋輩どもとは私には全く解らない言葉で話しております。さあ斯うして居るうちにも夫が帰って来ると不可《いけな》いから早く元来た方へ帰ってお行きなさい。先刻も言った通り決して此の山で私を見たと言うことを村に帰ってから話してくれてはなりません。若《も》し忘れて話したら其の夜のうちにもお前さんの生命と私の生命は亡くなりましょうと言った。これは其の狩人が老年に及んで死ぬ時に話したことであったと言うことである。

　同郡某村と言うので、非常に容貌好《よ》き一人の若者が急死した。其れが又ある狩人がある山にて、不思議な山女と連れ立って歩いているのを二三年経ってから見たと言うような話もあった。これは女ではないが同趣向のものである。予の話した柳田国男氏の遠野物語にもあるが、女は比較的無事円満に山に住み山男の子供などを産んでいることが出来るらしいが、男は多婬の山女に縁引されると初めのうちはひどく好遇されるけれども、精力消耗して来ると忽《たちま》ち殺されて食われてしまうと言うことである。其の男子も今生きていれば五十七八になるが、十八九歳の際に死亡し山で見られたと言うから、もう今は疾《と》くに殺されて此の世には居らぬことと思われる。

同郡大槌町大槌川の附近、正内《しょうない》と云う処に一人の娘があった。此の娘は生れながらに土地の巫子から水性の物の許へ縁女にとられると予言されておったが、軈《やが》て十三歳になった時の夏の日、大槌川にて水浴するとて朋輩の女児四五人ずつと共に常に川に行くが、此の娘のみ一人連れから離れてある岩のほとりに寄り水中に体を浸していたが、そうすること四五日してから遂に其の水中に沈んで死んだ。死体を見ると陰部に粘液が附着していた。多分鰻か何かの仕わざであろうと言ったと、これは今より十年程前の話である。

陸前国気仙郡花輪村の竹駒と言うところに一人の美しい娘があった。ある時此の娘が外で遊んでいるところを一羽の鷲に攫《さら》われて同郡有住村の角枯《つのが》し淵と言うに落された。すると淵の中より一人の老人が出て来て其の娘を背に乗せて家に送り届けた。実は此の老人は鮭魚であった。そうして此の老人は強いて娘に結婚を申し込んで遂に夫婦になった。その子孫の者は今でも決して鮭を食わぬと言うことである。

三

斯う列記して来ると、彼の三輪式口碑其他の蛇族や河童や猿狼に見込まれて攫《さら》われてゆき亦は嫁いで行く態の事柄とは自然と其の根本に於て異っている。この話の方は生れながらにそうなれとの因縁でもって山河の主に嫁ぐと言う事である。其処に大きな差異があるのである。

此の話例の口碑で注意を要するところは、其の誘拐される娘なり青年なりが、我々の目には一旦死亡の形式になっていることである。私は斯う言う例を多く知っていると非常に好都合であるけれども、今は其れを探索する機を得ないのも止むを得ないことである。けれども其れに類似の話を一二記して見よう。

陸中遠野郷北川目《きたがめ》の者等五六人の同行で出羽の湯殿山をかけに行ったことがあった。かけ下して来て深林帯の尾根に一行がさしかかると一番後に立ち少し遅れていた大下某と言う男、顔色を変えて皆に追いつき、今の呼び声を聴いたかと言う。皆が何の呼び声かと訊くと、おや其れではお前達には聴えなかったのか、今此の深沢で女の叫び声がしたが、どうも其れが俺の女房の声のようであったと言ったが、其れからは欝々として楽しまず家に帰ると遂々《とうとう》病み出して死んだと言うこと。其の女房と言うのは三年ばかり前に死んで此の世にいなかった者だと言うことである。この話と似た話はまだ私の記憶にある。

前と同郷某等と言う者共、気仙郡五葉山をかけに行った時にも、其の連の一人が深林中にて前年亡せし愛妻の声を聴いたと言ったが、これも山から帰る早々病みついて死んだ。

斯う言う様な信仰は山郷の人々の間には今日でも尚新しく生きている。そしてそう言う風に死んだ者は山男山女の類の族《うから》の中に行くと言われている。亦然《そ》うでなくとも、農家の若い息子が急に死ぬることなどがあれば、其れに対しても直ちに神秘的な相像や噂が立つことがある。前記同郷の土淵村の某所にて、林中にも田の草相撲などにいつも人気を呼んでいた私の近所の長命と言う若者、鎮守の相撲帰りに急に病んで死す。其の時なども其の若者が呼吸を引き取ると同時に、家の後の山から一人の大男が飛ぶように下りて来て其の家に入ったのを見たものがあった。これは山男で即ち長命は一旦眷族の前には死んで山男の族《うから》に行ったものだろうと言うのが専らの評判であった。亦私の隣家に小町と言う十七ばかりの娘が流行感冒か何かで亡くなった時にも、前述と同様な噂が立ったこともある。兎に角斯う言う風に若い娘や男の或る種の死を以て魔物他生への不思議な結縁の成るものだとする信仰は古《いにしえ》より日本の民族中に潜在していた思想であるらしい。其れは古い我々の祖先の略奪結婚の変態した信仰形蹟の名残であるか否か、又は真実に河淵湖沼の主や深山幽谷の山男の族と言うような他生の魔物が存在しているか如何《どう》かは、其の力の、考証学の諸先輩にお任せするのが適当な礼儀でもあり、又便利でもある。

此処では単に以上の如《よ》うな民譚も、此の山島民族の伝承のうちに有ると言うことだけを、一言説陳して置くまでである。

附記。此の伝承は前にはああ言って置いたが、矢張り三輪式伝説や、或いは人間対蛇獣婚姻の関係伝説と其の系統を同じゅうしているものであるかも知れない。然して斯う言う説話を我々の祖先の或いは祖先と他民族との間に起った奪略結婚の遺風余話の名残り其の他と見るも宜しい。

けれども science と言えば是非無理槍にも何とか結論をつけなければならぬと言う考えも或る中毒堕套のことであろう西洋では如何《どう》かは知らぬが、日本での考証穿鑿《せんさく》のお難事は某々博士達のお仕事にお任せしようか。而して我々は今の処此処《ところここ》暫らくの間極く素直に見せ授けられたる仕事の形態と其れを信ずる民間の心とを尊重して置きましょうか。

雪中の幽霊

鈴木牧之

我が隣駅関《りんえきせき》という宿《しゅく》につづきて関山《せきやま》という村あり、この村より魚野《うおの》川を渡るべき橋あり。流れ急なれば僅かの出水《でみず》にも橋をながすゆえ、仮《かり》に造りたる橋なれど川広ければはしもみじかからず。雪の頃は所のもの橋の雪を掘りて途《みち》を作れども、一夜の内に三尺も五尺もつもる事もあるゆえに、日毎にもほらざれば橋幅《はしはば》の狭きに雪のつもりたる上をわたるなれば、渡り慣れたるものすら過《あやまっ》て川におち入り溺死《おぼれし》するものも間《まま》あり。

さてこの関山村のかたほとりに、独《ひと》り草庵を結びて住む源教という念仏の道心坊ありけり。年は六十あまり、ただ念仏三昧の法師にて、无学《むがく》なれどもその行いは碩僧《せきそう》にもおさおさ劣らず。かかる僧なれば年毎に寒念仏《かんねんぶつ》の行《ぎょう》をつとめ、无言《むごん》はせざるゆえ夜毎《よごと》に念仏して鉦《かね》打ちならし、ものにまいりしかえるさ二夜に一度はかの橋に立て年頃おぼれししたる者の回向《えこう》をなししに、今夜《こよい》は満願とてかの橋にもいたり殊更《ことさら》につとめて回向をなし鉦うちならして念仏しけるに、皎々《きょうきょう》たる月遽然《にわか》に曇りて朦朧たり。こはいぶかしとおもいしに、水中より青き火閃々《ひらひら》ともえあがりければ、こは亡者の陰火ならんと目を閉じてかねうちならし、しばらく念仏して目をひらきしに、橋の上二間ばかり隔てて、年齢《としのころ》三十あまりと見ゆる女白く青ざめたる皃《かお》に黒髪をみだしかけ、今水よりいでたりとおもうばかり濡れたる袖をかきあわせて立てり。常人《つねなみのひと》ならば吁《あ》といいて逃ぐべきに、さはなくてその方に身を対《むけ》てつらつら見るに、斯闇《こうくら》くなりしにかかるもののありありと見ゆるもただ人ならじと猶よく見れば、体《からだ》は透き徹るようにてうしろにあるものも幽《かすか》に見ゆ。腰より下はありともなしともおぼろげ也。これこそ幽霊ならめとしきりに念仏しければ、移歩《あゆむ》ともなくまえにすすみきたり、細微《ほそがれ》たる声していうよう、わらわは古志郡何村《こしこおりなにむら》（村名はもらす）の菊と申すもの也、夫《つま》も子も冥途にさきだて独《ひと》り跡にのこり、かそけき烟《けぶ》りさえ立てかねたれば、これよりちかき五十嵐村《いがらしむら》に由縁《ゆかり》の者あるゆえ助けを乞わんとてこの橋をわたりかかり、あやまちて水に入り溺死《おぼれしし》たるもの也、今夜《こよい》は四十九日の待夜なれど、世にすてられしかなしさは誰《たれ》ありて一掬《ひとすくい》の水だに手向《たむく》る人なし。さるをおん僧しばしばここにきたりて回向《えこう》ありつる功徳《くどく》によりてありがたき仏果《ぶつか》をばえたれども、頭《かしら》の黒髪が障《さわ》りとなりて閻浮《えんぶ》に迷うあさましさよ。この上のねがいにはこのくろかみを剃りこぼして玉われかし、あな悲《かな》し哉《や》とて、皃《かお》に袖をあてさめざめと泣きけり。源教いうよう、そはいとやすき事也、されどここには剃るべき物ももたざれば、あすの夜わがすむ関山《せきやま》の庵へきたり候え、望みをはたし申さんといいければ、さもうれしげにうなずくと見えしが烟《けぶ》りのごとく消えうせ、月は皎々として雪を照らせり。

　さるほどに源教いおりにかえりて、朝日《あけのひ》人をたのみて旧来親《としごろした》しき同じ村の紺屋七兵衛をまねき、昨夜こうこうの事ありしとお菊が幽霊の叓《こと》をこまかに語り、お菊が亡魂今夜《こよい》かならずきたるべし、かかる事は仏《ほとけ》に疎《うと》き人らにもかたりきかせて教化《きょうげ》の便《よすが》ともなすべくおもえども、たしかに見とどけたりという証人なければ人々空言《そらごと》とおもうらん、和殿《わどの》は正直の聞こえある人なれば幽霊の証人にたのみ申す也、これも人の為也という。七兵衛もこの法師とおなじとしごろにて、しかも念仏の信者なれば打うなずき、御坊のたのみとあればいかで固辞《いなみ》申さん、火ともすころに来《く》べし、何方《いずく》にもあれ隠《かく》れいて見とどけ申さん。さればよ仏壇の下こそよきかくれ所なれ、かまえて人にかたり玉うな、かたりたらば幽霊を見んとて村の若人《わこうど》らが来《く》べきぞ。心えたるはとて立ち皈《かえ》りぬ。

斯《かく》てその黄昏《たそがれ》にいたり、源教は常より心して仏に供養し、そこら清らになし経を誦《ず》し居たり。七兵衛はやきたりぬ。誦《ず》しおわりて七兵衛に物などくわせ、さて日もくれければ仏壇の下の戸棚にかくれおらせ、覗くべき節孔《ふしあな》もあり、さて仏のともし火も家のもわざと幽《かすか》になし、仏のまえに新薦《あらこも》をしきて幽霊を居らする所とし、入り口の戸をもすこしあけおき、研ぎたてたる剃刀《かみそり》二ちょうを用意し今や今やと幽霊を待ち居たり。この夜はしかも雪になりて、すこしあけおきたる戸口よりもふりこむ風にあかしもきえんとするゆえ、戸をさし炉《ろ》のはたにありて戸棚の七兵衛にいうよう、蒲団《ふとん》はしきおきたり、そこにありて眠り玉うな。いかでさることとせん、幽霊を見んとおもえば心に念仏するのみ也。御坊こそくせをいだしてふねこぎ玉うらめ、吁《あ》、音たかししずかにいえ、幽霊を見るともかまえて音をたて玉うな、といいつつ手作《てさく》とて人にもらいたる烟草《たばこ》のあらく刻みたるもやや吸いあきて、呻《あくび》に念仏《ねぶつ》を噛《かみ》まぜ頤《おとが》い撫《なで》まわししが髭《ひげ》をぬきて居たり。雪は雪簾《ゆきだれ》にあたりてさらさらと音《おと》のうのみ、四隣《しりん》なければ寂《せき》として声なくやや時もうつりけり。

さて幽霊は影も見えず、源教は炉《ろ》に温まりて睡眠《ねぶけ》をもよおし、居眠りしつつ終《つい》に倒れんとして目をひらきしに、お菊が幽霊何時《いつ》か来りて仏に対《むか》い、もうけたる新薦《あらこも》の上に坐り頭《かしら》を低《たれ》ていたり。

さすがの源教も戦慄《ぞっと》せしが、心をしずめてよくこそきたりつれというに、幽霊はさらにことばをいださず、すがたは昨夜《よんべ》見たるにたがわず。源教手をそそぎ盥《たらい》に水をくみとり剃刀《かみそり》をもちて立ちより見れば、打ちみだしたる髪つゆのたるばかりぬれてあり。されど雪ふるなかをきたりしというしるしもなし。心におもうよう、これが髪の毛をのこしとどめて后《のち》のしるしとせばやなど心して剃刀《かみそり》をはこばせけるに、そりおとす髪の毛糸をつけて引くがごとくかれが懐《ふところ》に入る。女なれば髪の毛を惜しむならんと毛を指にからみて剃りしに、自然《おのずから》ふところに入りて手にとどまらず。とかくして剃りおわり、わずかすこしの毛はようやくとりとどめつ。幽霊は白く痩せたる掌《て》を合せ、仏を拝みつつすがた次第に薄くなると見えしがきえうせせけり。

忌み山

高橋文太郎

作業を忌む山地が山村にある。これを仮りに忌み山と題する。イラズヤマ（入らず山）などとも云われ、山村人にとっては、苦手の場所である。

この種の禁忌は不思議な現象であるが、その土地の人々になって見ると、どうしてもこの禁忌を冒してまで、作業を敢て行う気持になれない場所である。

奥美濃の揖斐郡坂内村と徳山村との堺にはホハレ峠があるが、この坂内村側の山腹に、この辺でイセチと呼んでいる一つの忌み山があった。焼畑作業の女たちに、そこを指さして教えて貰ったが、何の変哲もない樹木のある山腹であった。人々は祟りを恐れて、決してこの山腹に作業を行わない。

この種の現象は、理窟では解決されないもので、その土地の人々の気持に同感して見ないと、判らない。

信州南伊那地方では因縁付の祟る山をトシヤマ、ケチヤマと呼んでいる。このような山に入ると怪我をすると云う。同じ種類の田畑は「因業附き」といって、作り手も買手もない。斯うなった原因としては、そこで自殺したり、不慮の災難に遭った者の怨念が残っているからだという（南伊那農村誌）。

四国の愛媛県上浮穴《かみうけな》郡面河《おもが》村では作業を忌む山をマケヤマといっている。多くは部落から数町乃至は一里も離れており、山腹にある。境界県がはっきりして居らぬ所もあり、そのため境界争いが起ったが、勢力の強い者が勝った。負けた者はその意趣返しに、夜出かけて行って其処に獣類とか特に鶏の類を生き埋めにした。勝った者は、それを知らずに作物を作ったが良く出来ない許《ばか》りでなく、その年には必ず家に病死人があったり天災に見舞われたりして、何かの祟りがあった。このために、この土地は人々に忌み嫌われる様になった（同村、中川紋弥氏）。

徳島県麻植《おえ》郡木屋平《こやだいら》村川上でも、この種の祟りある山をマケヤマ、タタリヤマと呼ぶ。作業を忌む原因として、例えば借金のある者が、他人に土地の渡るのを避けるために、大神宮様の御札を焼いて、その灰を播き散らし、マケヤマとした。この土地に作業をすると病人が出来たり死者があったりして災厄が続く。この種の土地には、枯木の元、七本卒塔婆、マケ地のサコ、位牌山《いはいやま》など呼ぶものがあり、同部落から三里以内に三、四ケ所もこの種の山がある（同村、紙谷孝常氏）。

大和吉野郡上北山村ではこの種の山をケガヤマと云う。当地では村里から二、三里離れた山の中にあり、その場処が悪く、木樵など五、六人の生命を失っている。この悪場で作業をすると、大夕立が来るとか大雷鳴に遭うとか或いは眼が開けなくなって身体の自由を失うとか言い伝え、土地の者は決してこの種の山中へ入らないが、他国の稼ぎ人がそれにかまわず犯し入って、伐木したために生命を失ったこともある。不思議な事に、斯ういうワルヤマ（悪山）では、誰か一人命を失うと、一年目か三年目に又一人死ぬのである。之はあの山で御神木（山の神の木）を伐ったからであり、或いは折花一つ立てて貰えない他国の死人の霊が迷っているからだ、など土地の者は云っている（同村、田垣内政一氏）。

信飛国境とか甲斐地方の高山岳の間にも、ワルサワ（悪沢）とかアシダニ（悪谷）など呼ばれる沢や谷がある。高山岳の間だから土地の人々の作業とは直接関係がないが、不吉な印象を示す呼名である。この種の山沢の間では、怪我人が多かったとか、カエラズ（不帰）と名前の附けられた山谷などと同様に、歩行が極めて困難な場所で、一旦分け入れば生還の望みの薄いと考えられた場所であろう。この種の事例は「山名、地形名」の項に前述してある。

以上の例の他、作業をすれば祟りのある山、怪異のある山の例をあげて見る。この種の山を武蔵奥多摩地方でタタリヤマ、越後北魚沼郡湯之谷村でバケモノヤマという。後者はそこで木を伐ると怪我をする。又、夜になると其処で人の泣声が聞える。加賀河北郡浅川村ではテングヤマ或いはマショ（魔所）と呼び、日向西臼杵《にしうすき》郡椎葉村ではアゲヤマといい、この場所では木樵などが怪死したと云っている。

奥美濃の揖斐《いび》郡坂内村では、境界の争いがあって困る場所を、イセヂとかヒチバタという。多くは山腹にある。この種の土地はお伊勢さん（大神宮）に上げてしまうと云う。又この土地の草を刈っても病気したり何かの祟りがある。同郡徳山村でも、この種の祟りある所をイセチ（伊勢地）という。お伊勢さんの御札をいけたところで、昔は墓地とか寺屋敷などのあった所とも云う。この種の土地を伊勢の大神宮様に提供するというのは面白い。

ヒダル神のこと——山中の怪異について

高須 茂

劒岳の北方に毛勝岳という山があり、また立山川から早月尾根へつきあげた谷に、毛勝谷というのがある。ケカチと呼んでいるが、これは飢渇《きかつ》の訛《なまり》だといわれている。この山や谷では、昔から不思議に腹がへり、ノドがかわくというので、この名があるとされているのだが、これは木勝の意で、森林が茂っているからだと説く人もある。腹がへるというのはともかく、こんなに雪や水のあるところでノドがかわいて苦しむはずはないというのである。しかし、それはリクツである。

山の怪異には、いろいろ種類があるが、この飢渇伝説もいたるところの山にある。たとえば熊野の大雲取山にもケカチ穴という洞穴がいくつもあって、そこを通りかかった者が、この穴をのぞくと、突然、激しい飢渇疾労を感じて、一歩も進めなくなってしまうといわれている。誰かが来あわせて助けないと、そのまま死んでしまうと言い伝えられているから、来あわせた者が同じ症状になるとは限らないらしい。通りがかりの人に教えられて、立木からむしりとった葉をかみながら、這うようにして、一キロばかりはなれた山寺に辿りついて助かった僧もあるという。

また伊勢から伊賀へ越えるある峠で、これと同じような目にあった人の話もある。

大和の山地には、殊にこの例が多かったらしいが、これはいろいろな事情から記録されることが多かったというだけであろう。四国にも、九州にも、似た話は伝わっている。

東京付近では、丹沢のヤビツ峠に、やはり同じ伝説がある。これはかつてそこで餓死した乞食や旅人の怨念が残っているからだといわれているが、これをダルが憑《つ》くといっている地方もある。腹がへったことを「ヒダルイ」というから、それからきている言葉であろう。「ヒダル神が憑く」といっている地方もある。また「ガキが憑く」ともいわれている。ガキは餓鬼であろう。信州の餓鬼岳、越中の餓鬼谷、餓鬼ノ田圃などという山名や地名も、おそらく同じような伝説から生じたのであろう。

その症状は空腹感があって手足が動かなくなるが苦痛はなく、あせればあせるほど、一種の無気力感におそわれるという。

また突然手足がしびれ、冷汗が出て、腹がこわばるともいう。その原因や、理由のわからないことを、神のしわざとしたのは、遠い昔の人びとの考えであるが、この飢渇の神は、今日でも山にいるらしい。山を歩いていて急に腹がへって動けなくなったという経験を、誰でも一度や二度はもっているであろう。ヘバルというのは、このヒダルからきているのかもしれない。

ある年の十月、針ノ木から種池を経て冷《つべた》小屋までの間で、私は友人のFと、かわるがわるこの症状におそわれたことがある。生理的な現象にちがいないのだが、その理由というのははっきりしない。睡眠と、トレーニングの不足からきているような気もするが、必ずしもそれだけではないらしい。一種の面倒くささ、どうにでもなれという無気力感は、生理的、物理的ないくつかの遠因がつみかさなって、集約的にあらわれたもののように思われる。飢渇の神というより、怠惰の神に憑かれたのかもしれない。が、ともかくそういう例の多かった山や谷に、ケカチとかガキとかいう名がついたのであろう。

天狗の正体

岩科小一郎

大きな星が、強い光と轟音を発して都の上空を飛んだ、時の人がその光と音に怖れをなし、何事であろうと騒いでいると、唐から来た僧が、「天狗が飛んだのだ、天狗は雷のように吠えて飛ぶ」と、博識のほどを見せて説いたところ、時のミカドから天晴《あっぱ》れと賞された。という記事が『日本書紀』舒明《じょめい》天皇九年（西暦六三七年）の項に出ている。これが日本の文献に天狗の名が現われた初めである。

天狗の怪異は日本特有のもので、支那にも印度にも類型はない。然し、支那には天狗の名が古記にあるが、それは流星が地に墜ちて狗《いぬ》に化した奇獣をいい、日本の天狗とは全然ちがう。唐僧が流星を天狗と述べたのは、お国風に解釈したまでで異を挟む余地はないけれど、山の伝説の人気者、赤い顔、高い鼻、大きな金目玉、怖いようで愛嬌のある顔の持主、山の天狗殿と流星、この異れるものが一体どこで合するのだろうか、その変遷を簡単に辿ってみよう。

舒明期から四百年ほどを経て、平安朝時代（約九〇〇年前）に至ると、王朝文学の作品中に天狗の消息が見られる。だがまだ実体は定まらず、星であったり、コダマであったり（宇津保物語）、狐とも鳶（今昔物語）とも書かれ、星からやっと動物に進化するが、魔力をもつほどの大物にはなっていない。

それが鎌倉時代（約七〇〇年前）に入ると、天狗は鳶なりから擬人化した、烏天狗という小魔に生長し、首は烏で手足に鋭い爪が生え、背に翼を負うた鳥人の形を与えられる。小田原の道了尊、信濃の飯綱《いづな》権現、下総の阿波《あば》の大杉寺など、古くから天狗を祀るとして知られた寺のお札には、この烏天狗が本尊として描かれている由、後年の大天狗の従卒も、そのかみは一本立ちの天狗だったわけだ。醜いものが恵まれぬのは人間の世界ばかりではなかった。

『平家物語』（一二〇〇年頃著）、『源平盛衰記』（一二五〇年頃著）には鼻高天狗が諸所に現われてくる、よって、鼻高氏もこの頃の産であろうと推察するが、僧侶が慢心すると死して天狗に化すと伝え、天狗の鼻の高いのは増上慢の相であるという。今日でも物事を自慢する俗物を天狗と悪評するのは、この故事に発するのである。坊主天狗は世をそねみ、この世を魔道に墜し、戦乱、悪疫、天災を起そうと謀る嫌な奴で、天狗らしい豪放磊落な行いがない。平田篤胤は、慢心坊主の霊鬼が化したものは、天狗であっても釈魔といって別物だと論じているのは肯《うなず》ける。これは天狗の正統を継ぐものでない。

山伏天狗、これが天狗の決定版であり、現今描かれる天狗の姿はみなこれである。伝説によると、狩野法眼元信（室町時代）が、京の鞍馬山に通夜した折、月影に映じた姿をスケッチしたものが最初とされている。が、元信の創作というよりも、従来の説を取り入れて芸術的に大成したと見るのが真に近いだろう。『太平記』（一三五〇年頃著）で山伏天狗がしきりに活躍するのでも窺うことができる。

さて、鼻高天狗を大天狗、烏天狗は小天狗と呼ばれる。大天狗ともなると日本の有名な山々に棲み、鞍馬山の僧上坊、愛宕山の太郎坊、比良山の次良坊、秋葉山の三尺坊、彦山の豊前坊、大《だい》山《せん》の伯耆《ほうき》坊、上野の妙義坊、大峰の善鬼後鬼、葛城の高間坊、常陸の筑波法師、富士の太郎、白峰の相模坊、伊都奈《いずな》の二郎といったように名があり、遠国にまで知られた存在になる。これらの山々は何《いず》れも山伏修験の参与する所であり、天狗は山伏の法場を守る役廻りを勤めることになっている。よって護法天狗、または守護神天狗ともいう。舒明の昔、唐僧の一言によって日本に根を下ろした天狗は、幾変遷の後に仏法の世界に於て形を得たのは面白い因果関係ではないか。

わたくし達が山に行って、山家の炉端で聴かされる天狗話には、上記のような名ある偉い天狗は出てこない、単に山の天狗さんがというのみである。この点から、山民のもつ天狗は山伏の天狗とは別なもののようだ。山中にある天狗社には、容貌の似ているところから猿田彦命の軸を飾り、呼称もテングの他に狗賓《ぐひん》が用いられる。グヒンの語源は分らぬが関西系の語で、全国的に天狗の方言として併用されている。

天狗の棲み家

江戸時代の随筆本『新著聞集』に、赤城山の天狗が金銀珠玉の宮殿楼閣に住んでいた、と見て来たように書いてある。護法天狗ともなれば、そんな豪華な住宅がもてたかも知れぬが、一般の山の天狗は樹上に住むと各地で伝えている。その樹は特別な形状をしているので、山民は畏れて伐らぬことも全国的の慣習である。俗に傘松といわれる上部が平らな松樹、或いは、東へ真直ぐに突き出た枝のある木（長野県東筑摩郡）、肘のように途中から曲った枝のある木（岐阜・揖斐）など、異態の樹が天狗の棲む木とされ、これを各地の俚称で、天狗の休み木（埼玉）、天狗のやどり木（奈良）、天狗の遊び場（奈良）、天狗の寝床（山梨）、天狗居松（兵庫）、天狗の腰掛松（長野）、グビン松（神奈川）、グビン様の遊び木（岐阜）、ゴヒン様の休み木（鳥取）と面白い呼び方をしている。

これらの樹は昔からの伝承で伐ることはないが、もし伐ったとなると、伐木者が気が狂う、病む、体が震える奇病にかかるか、天狗が家を揺すりに来たり、破産の憂き目を見る等の祟りがあった。

天狗岩という岩峰も天狗の居る所として各地にあるが、このように樹上や岩峰に棲む説は、天狗に羽根があることに起因しているようだが、一面には神が樹や岩に降臨するとの、古くからの信仰上の思想も加わっているのであろう。天狗はある時代には神の眷族であったと思われる。さわらぬ神に祟りなし、といわれる部類の。

近頃は河童ブームとかで、河童に関する画や著作が愛好されているが、江戸時代は天狗論が旺《さか》んであった。新井白石の『鬼神論』、平田篤胤『古今妖魅考』、釈諦忍『天狗名義考』、その他滝沢馬琴、大田南畝など、凡《およ》そ江戸期の文化人といわれた人で天狗を論ぜぬ者はないほどの盛況である。しかし、従来の天狗論は、天狗の名義は何か、正体は何か、と日支印三国の旧記文献にこだわって論ずるのみで、とんと成果の挙がらぬ堂々めぐりの研究が行われ、天狗の正体が五つにも六つにもなってしまうのであった。

天狗の怪異にしても、何でもかでも天狗話とあれば掻き集めるから、結局は整理がつかず、天狗があらゆる怪異を示す結果にもなる。世に伝う天狗怪異譚の中には、支那の幻怪談の焼直しと思われるもの、他の妖怪との混同、文学上の虚構修飾、信仰者の誇張などの混ぜものが入っていないとはいえず、それらを除去すれば天狗の行状がわかってくるのだが、大変な努力を要することである。

大正年代に民俗学が擡頭し、各地の習俗伝説の採集と発表が活溌に行われはじめ、全国の天狗談が比較できるようになって、どうやら山の天狗の生活も明らかになった。そこで全国的に伝承され、今日でも体験者があるとされている怪異を、重ね取り式に選んでゆくと、どこの山村でも聴かれる実存性をもつものは、次に記す七種に若干を加えたものに綴られる。これらが天狗怪異の決定版というところである。

天狗倒し

山中で小屋掛けして泊っていると、深夜に小屋の近くの森の中などで、大木の伐り倒される音が聞えてくる。初めは斧の音がカキンカキンときこえ、ほど経て、ワリワリワリと木の傾く音、ズズズズと葉ずれの音と共に地響きして樹が倒れる音がする。それが次々と続き段々と近づいてきて、小屋の前までくると止まってしまう。翌朝誰が樹を伐ったのかと見に出ても、倒れた木は一本も見当らない。これが天狗倒しである。

天狗が山稼ぎの人間の仕方に気にいらぬことがあると行うといわれ、こんな時には、天狗の気にいるようにグビン餅を作るとか、小屋の向きを変えるとか、最悪の場合は他に仕事場を移すこともあった。

天狗倒しを各地で、天狗ナメシ（岩手県遠野）、テングガエシ（山形・最上）、天狗さんの遊び仕事（岐阜・揖斐）、狗賓さんの空木《そら》倒し（同上）、天狗の空木返し、などともいい、これを山の神の所為《せい》とする地もある。

天狗火

神奈川県道志村の若い衆が、川筋にヤナ場を設けて漁をしていると、向う山から火の玉が飛んできて、川に落ちると消えもせず、段々大きくなってヤナ場の方に流れ寄り、四畳半（三m立方）位の大きさになったので、若い衆達は怖れて逃げ帰ったという話である。

埼玉県入間郡の町田茂十という人、夜中に女の子を連れてネノ山に登った。月がなく真の闇だったから、冗談に天狗さん提灯をつけてくれというと、ネノ山から附近の尾根上に次々と灯がついて、真昼のように明るくなったので、怖しさに震えたという。又、同地方の芳延の坂井三郎という爺さんの見たのは、たった一つ青白く木の枝に光っていたという。奥武蔵地方で、天狗の提灯の時折出る地点として、ネノ山久通道、多武峰《とうのみね》大檜、正丸峠の天狗岩、山伏峠の提灯岩、小瀬谷のエボ石の峠などが知られていた（神山弘君）。

天狗の太鼓

岐阜県揖斐郡徳山村で、曇天の日に山からポンポンと太鼓の音が聞えてくるのを、天狗の太鼓といい、この音を聞くと天気が変るという（高橋文太郎氏）。また、岩手県遠野地方では、山からドンドンと太鼓の音がすると二三日中に山が荒れる。これを天狗の虚空太鼓という（遠野物語）。山梨県北都留郡七保《ななほ》村の姥子《うばこ》山から、毎年正月に鼓笛の音が聞ゆるのが天狗のお囃子、その音大なれば豊作と伝えている。同郡笹子村の滝子山の天狗の能は、毎年正月十四日の前後に、何《いず》れからか鼓笛の音がする。人が近寄ろうとすると止み、更に別な方角で鳴り出すこと狸囃子《たぬきばやし》と変らない、その声ヒューートントンと桶の底を叩くに似たりという（加藤秀夫君）。

こんな例は各地に有って、いずれも何か吉凶の兆とされているが、神奈川県津久井郡柏野村には天狗の火事知らせの怪音がある。同村吉原の高グラの岩場に天狗がいて、そこで夜になると木を伐り倒す音、ヨイショヨイショと運ぶ音、ズシンと川に投げ入れる音などがする時は、近い内に村に火事があると村民に知らせるのであった（宮崎茂夫君）。岩手県や山形県の山村では、山火事の前に天狗の太鼓が鳴るといわれ、天狗の怪異も妙なところに利用価値があった。

天狗ツブテ

道志川で夜間に土地の者が、瀬干しで魚を捕っていると、向う岸からポツンと石が飛んできた。誰がワルサするのかと思う間に、ポツンから石はだんだん大きく劇しくなり、ガラガラッとしきりなしに飛んでくる。「ホレ、親方がおいでになった」と村民は頭を抱えて逃げたが、翌朝見にゆくと、あれほど飛んで来た石は跡形もなく、瀬は干し上がっていたが魚は一匹もいなかった（宮崎茂夫君）。

天狗ツブテの怪は古くからあった。『続日本紀』光仁天皇宝亀七年（七七六年）、毎夜瓦石の自ら屋上に落つるあり、二十余日を経て漸く止んだとあり。江戸時代の奇談集『本朝俗諺志』には、日光山滝ノ尾の普請小屋を毎夜ゆすること地震の如く、又、大石の礫《つぶて》が夜もすがら落ち、地に響きてすさまじく、小屋の外に大石みちみちたると思うに、明くれば何の事もなかったという。

天狗笑い

深山の夜のしじまを破って、物凄い高笑いが響いてくるのは、余り気持よいものではない。埼玉県入間郡飛《ひ》村の高岩という岩山に天狗がいて、ここを通ると昼中でも岩の上から大声で叫んだり、ゲラゲラ笑ったり、手拍子を打ったりしたそうだ。ここで天狗にワルサされる人はきまっていて、一緒に歩いていても、特定の人にのみ天狗の声が聴えるのだという。俚人は、ある人にのみ声を聞かせることが天狗の通力だと信じている（神山弘君）。

天狗ユスリ

山中にユスリ小屋という地名や小屋が諸方にある。これは概《おおむ》ね天狗に関係したものである。神奈川県足柄郡寄《やどりき》村の松本茂吉さんが、樵《きこり》や狩で丹沢山中を駈け廻っていた頃、ユウシン休泊所の少し上で玄倉《くろくら》川の鉄砲沢、そこの草小屋に弟と二人で泊っている時、小屋がグラグラ烈しく揺れ出した。地震だッと叫んで飛び出したが、外は何の事もない。コリャア天狗の悪戯だと気付いて、こんな時には飛出すとかえってエライ怪我をする、と年寄りから聞いていたので、再び小屋に逃げ込むと、今度は彼《か》の偉大な赤い鼻が屋根を破って突き出たので、トッテもびっくりしたと一つ話に語った（漆原俊君）。

天狗隠し

子供や若者が突然に行方不明になり、数ヵ月或いは数年を経て、失踪当時の儘で帰ってくることがある。これを天狗隠しといって、隠された者の語るには、諸国の高山を巡り歩いたとか、名所旧蹟を見物させて貰ったとかで、それらの土地の様子を手にとるように語るのが通例である。なかには学問武術を教授された、名薬の処方を与えられたとかの伝えもある。この種の天狗廻国談は鎌倉時代の文献にも記された古いものだが、どうも話がうますぎて作為があるとも思われてならない。

東京都西多摩郡の今熊山は、別名を呼ばわり山といい、ここにも天狗が居るが、この地方で子供を隠されると、此の山に登って太鼓を叩いて、子供の名を呼ばわれば帰ってくるという。この例は各地に多い。

人を取り隠す天狗隠しの外に、山中で仕事する杣《そま》や人夫の道具を、天狗が隠すという話も全国的なものである。杣が仕事にかかろうとすると、鋸《のこぎり》がない、斧の頭が抜き取られている、どうにも困って、天狗さま返して下されと頼むと、木の梢からポトリと落ちてくる。ユウモアがあって、いかにも天狗的な話ではないか。しかし、隠されたということが、近親の赤ヒ（出産）黒ヒ（死亡）の知らせであり、お前に不浄が掛ったから山を去れ、という命令の場合もあった。

天狗は不浄を嫌う、山の物を不法取得する者を憎む、棲み家の近くに人間の滞在を怒る、その他、山に於ける人間の行為が気に入らぬと、得意の怪異を以て荒れ退去を要求するのである。山を守る者の責任上そうせねばならぬのである。されば、川漁に横槍を入れ、女が登って来たので驚かしたりするが、半面には山民に吉凶を報ずる親切心があり、怖ろしさの裡に親しみのもてるのが彼の存在なのである。

天狗の怪異をつきつめてゆくと、音であり、光であり、震動であって、天狗が姿を現わす例は稀れである。即ち、天狗は姿なきものといえる。では、あの鼻高の顔は何処から生れたのであろうか、狩野元信が創案したと伝える姿は、頭に兜巾《ときん》を戴き、身に篠懸《すずかけ》の衣を着し、太刀を佩《は》き羽《は》団扇《うちわ》を持つ山伏姿であり、それに、酒を好み酔えば歌い舞い、囲碁や相撲が好きで女が嫌いと、その性格も山伏に似せてあるなど、天狗の形態が山伏によって作られたことがわかる。

山伏は山林宗教ともいわれ、山中に入って苦行する修験者である。いまから八百年ぐらい以前に大和国に起り、鎌倉時代迄には日本中の名ある山々を、彼等の手で開き修法の場としていたのである。高山深谷の無人境に分け入ってゆくとき、種々な不思議に出会うのは修法者の身として致し方ないが、彼等の接する深山の怪の一つに山人《やまひと》というのがあった。人とも猿ともつかず、裸で全身に毛はなく、顔は赤く目は鋭い。もちろん人語は解さない、いわば日本のターザンに比すべき不思議な人種が、東北から九州にかけての深山帯にいたことが、江戸時代の記録に多く載っており、九州では明治時代になっても居たとか。性質は温順であるが怒らせると極端な仇をしたといい、些《いささ》か天狗的風貌と性格をもっていた。

鼻が高いとは書いてないが、鼻は天狗の人間でないことの象徴であり、金目玉は眼光の鋭さを表わす造形とすれば、山人に山伏姿をさせたものが、天狗の原形であるともいえるであろう。山人の怪異な姿を、山中で見ることの出来るのは山伏しかなく、それを鬼と呼んだこともあるが、後に自分らの守護神の姿に借りたのであろう。しかし、山人には天狗倒しや火の玉の怪を行う通力はない。それはまた別な原型を探さねばならない。前にいう如く天狗に姿はないのだから。

日本の山々を管理する自然神は山の神である。大山祇命《おおやまつみのみこと》（大山津見乃命）という立派な名があるが、それは後世に神名帳から都合のよい神として名を借り、権威を与えたまでである。いずれの民族でも、未開時代には天地自然のすべてに神ありとして祀った。その山の神であり、山の毛物や草木を守る野性的な女神である。人間が不都合な行為をするとよく怒るので、狩人や杣、炭焼の家には必ず祀られており、毎年二度の山の神の日には、部落内で職種別に集って酒盛りをして、山の神を慰める年中行事が今も行われているし、山の入口に小祠を設けて、山稼ぎに入る者は毎日拝礼してゆく習慣も現に実行されている。

前に述べた天狗の怪異は、土地によっては山の神の行いにしており、山の神の木伐り（天狗倒し）、山の神の音楽（天狗の太鼓）と相等しいものがあり、天狗隠しに当るものには、新潟県南魚沼郡の山村での例は、山の神が山仕事の道具を隠す話があり、探してもわからぬ場合は、ズボンの前ボタンを外して男の物を見せると、失せた道具が現われるという。山の神が女性だから喜ばせるためにそうするのだが、天狗より一段と愉しい話である。山の神が樹上に棲むことも天狗と同じ、かれこれ両者の相似はいくらもある。

木曾の山岳地帯に当る岐阜県の武儀、賀茂、恵那の各郡の伝承によると、山の木を伐る時には、初めて斧を入れる日にグヒン餅を拵《こしら》えて山神に供え、木を伐る許しを乞うて仕事にかかる。グヒン餅をしないと種々の怪事があって、なかなか仕事がはかどらないという。長期間仕事をする山などでは、時折グヒン餅をして物忌みを仕直さないと怪がある。その怪異は多くは杣道具を隠し、山上より大石を落す音をさせ、甚だしい時は、山を崩し岩をも抜く勢いで示すので、馴れた杣人は道具を隠されたぐらいの怪のときに、山神を祭り厚くわびて、再び仕事を続けるという（想山著聞奇集）。この一事を以ても、山神と天狗が同じ行いをすることが了解できるだろう。

山民と山の神の関係は、年中行事に、職業上の作法に、信仰上に、深いつながりがあり、山の神は山上の一人一人の禍福を見守って、災いから庇《かば》ってくれるのだと山民は信じている。それが、山に入った人間が一朝気にいらぬ行いをすると、親が子を叱るように荒れるのである。

で、私はこう考える。山の神の荒れるのと天狗怪は同じ方法である、即ち両者は一である。とすると、山の神の信仰の方が古い故に、山の神の行為とするのが本筋である。天狗の怪異は、山伏が諸国を巡歴しながら、天狗の魔性を語り弘めた結果、山民は山の神のヒステリー現象を、天狗の行いと伝えるようになった。要するに、姿と声が別個である仏法僧鳥的存在なのである。やや行き過ぎの感もあるが、こんな結論も出せると思う。天狗の怪異を、理学的に考究すると如何なることになるのか、その点は私は知らない。それは別に心理学の先生方がなされるであろう。

ここでは天狗とは何かについて蕪辞をつらねたまでである。

むじな話

野尻抱影

南アルプス白峰の渓谷、広河原の無人の小屋だった。あくる日は五日ぶりで人里にもどれるというので、盛んに火を焚《た》いて、わたしたち三人と案内の猟師二人とは、夜更けまで話しこんでいた。しかし、木を拾いに出た時には、野呂《のろ》川の渓流に霧が下りていて、遅い月がそれににじんで化物のように大きかった。一人は大曾利の源十という、一度で名を覚えてしまった大兵の山男で、山刀をぼっこみ、くらじし（かも鹿《しか》）の皮蒲団《ぶとん》――いくらで売ると訊《き》いたら二両二分だと答えた――を腰にぶら下げていた。但し、この源十、心細い山案内で、農鳥の尾根で雷雨に逢《あ》うと忽《たちま》ち見当がつかなくなり、野呂川の水源へと迷いこませ、滝が幾条も懸っている左俣の谷らしい絶壁を匐《は》い下りさせたり、青い「釜」へ転げ落ちさせたりして、漸く奇跡的にここまで出て来たのである。

岳とあれば、足半《あしなか》をはいたその足は、くらじしのように、ひょいひょい岩角を飛んで歩く。しかし、平地へ出たとなると、一里も行かない先に豆だらけになると言う。「では、君たちの足首は、生まれながらに空の方へ曲っているのだろう」と言ったら、解《げ》せない顔をしていた。

時たま甲府へ出かけるのは、そこの山（遊廓《ゆうかく》）が目的らしい。そして教師だったわたしに、「先生は月に何度ぐれえ女買いに行くね？」と訊いたので、「一度も行かないよ」と答えると、「それでは、何が楽しみで先生をやってるね」と言って、学生二人を転げて笑わせ、どうしても呑《の》みこめなかった。

いろいろ山人《やまうど》の自慢話も出た。

この先の谷の丸木橋――翌日行ったら落ちていて、私たちは大石を抱いて胸まで入って徒渉した――そこにえてが三匹遊んでいたのを、たった一発で三匹とも射ちとめたという話。二十五貫もある大丸太を綱で引きずって飛び、それに追いつかれないように山坂をかけ下りる。二里も運べば三両になるという話。ただし、こんな荒仕事をするので、山人にも胸を病む者があるというのは意外だった。

それから本題のむじな捕りの話である。

むじなと穴熊《あなぐま》は同じだとか違うとか、かつてこれが裁判沙汰《ざた》となり、たしか渡瀬博士が立ち合ったという話もある。むじなはムシムシした穴に棲《す》んでいる。熊の方は穴の隈《くま》に棲んでいるからクマ。――と言ったら、横町の隠居のヤカンの語原めくが、座右の「大言海」には正にそう出ているし、大曾利の源十も、あれはまるで別のけだものだと断言していた。そして曰《いわ》く、

「冬場のむじなは、大てい夫婦で穴の奥に仲よくぐっすり寝こんでる。わしらは、その穴を見つけると、ケデエ（簑《みの》）をあたまから冠《かぶ》って、けつの方から後ずさりして穴の中へ這《は》いこんで行く。前向きじゃ、爪《つめ》で引っかかれるずら。すると、むじなめ、眼をさまして、おっかねえもので、奥

へ奥へとむぐずりこむ。それでも這いこんで行くと、仕方がねえので、そら、穴の口の方へ出て来るずら。そこを、穴の口に待ってた仲間が、棒でコツンと喰《く》らわせるので、苦もなくものになるちゅう寸法さ」

こういう説明なのである。これには、わたしたちは又笑ってしまった。むじなという、何かひょうげた獣を捕えるには相応《ふさわ》しいひょうげた方法だが、簑を着て「けつ」を向け這いこんで追い出すというのは、あまり原始的で、物が物だけに眉《まゆ》つばものに思えた。私は「今宵忍ぶなら」の古い唄《うた》まで思い出して、よけい可笑《おか》しくなった。

しかし源十は、ふくれ面をして、現にこの春もそうして捕った。「のう、何兵衛」と言うと、何兵衛も柔順に山頭巾《ずきん》の顔でこっくりした。それで私たちは一応承認することにした。

山の猟師の話はこれだけだが、その後も私は時々これを思い出して話題とした。

ある時、房州でむじな捕りを度々見たという青木茂君は、「それは信じられない、むじなの穴はとても小さくて、人間がもぐりこめるようなものではない。猟師は木の葉をいぶして追い出すか、穴の口を掘りひろげて、柴犬《しばいぬ》を追いこんで駆り出させるかしていますよ」と言った。

ただ、この時も笑わされた、別の方法がある。

亀《かめ》の子の背中に、子供がままごとに使うお釜を結いつけて、硫黄を入れ、火をつけて穴の中へ這いこませる。その煙に閉口して、むじなが出て来るところを捕えるので、これは自分も面白いので見物したことがあると言った。

熟睡しているのを硫黄でくすべられるむじなは不憫《ふびん》だが、むじなと亀では童話になるし、初めてこの方法を思いついた人物は中々の知恵者だったろう。そして、これから翻《ひるが》ってつらつら思えば、山の源十の話にしても、在り合せの巌窟《がんくつ》を棲みかにしているむじなだとすれば、顔を引っかかれぬ用心に後ずさりで、そして、寝ぼけ眼の夫婦がおっかながるように頭からケデエをかぶって、ガサゴソ這いこむというのは、どうして用意周到なもので、なま易《やさ》しい発明ではない。相当スリル味だってあるしと、改めて感心し直して、感心している自分に又感心したのである。

そして、のんびりついでに、私は、こういう呑気な鳥獣の捕り方をいろいろ思い出してみた。

——

まず田圃《たんぼ》に下りているサギを手捕りにするのに、そっと忍び寄りながら、「サギー」と高い声で言ったり、「サギ」と低い声で言ったりして、サギが驚いて、きょときょとと長い首で彼方《あっち》を向いたり、こっちを向いたりしている間に近づいて、むんずと捕まえるという話で、これは相当人口にカイシャしている。但し、この鳥捕りは、どうでも狂言もどきに、鎌倉模様のもんぺを穿いていなければなるまい。

次ぎに寒鳥《かんがらす》を捕まえる秘伝がある。冬の枯田へ出かけて、裸かになり、全身に泥をなすりつけてから、蓆《むしろ》をかけ、じっと寝ていると、「鴉《からす》、死びとと思いて下り立つ。そこを捕うればよし」——これは銀座で買った孔明直伝という江戸時代のレア・ブックにあったのだから、間違いはない。

終りに中国の話である。沼に下りている雁鴨《がんおう》を捕るには、眼だけの覗き孔をあけた人瓢簞《ひょうたん》をかぶり、それが自然と漂って行くように見せかけて、そろそろと鳥の間へ入りこみ、脚をつかんでは水中に引っぱりこむ、というのである。

これもどうも、マンチョーゼン男爵の法螺《ほら》話めくが、しかし、中学生の時に習ったリーダーに出ていて、瓢箪が沼のあちこちに浮いている挿絵まであったのだから信じていい。又、信じていい立派な証拠がある。

と言うのは戦争前、ある席でこの話をしたところ、「それは決して作り話ではないですぞ」と断言する人が出て来た。聞けば、その人の知人が、不忍池《しのばずのいけ》へ蜜柑箱《みかんばこ》をかぶって入って、鴨の群に忍び寄り、二羽とか三羽とかを手捕りにしたことがあると言うのである。

「さぞ冷たかったでしょうね。ゴム長でも穿いて這入ったのでしょうか」と訊いたら「からだに油でも塗りましたかな。ともかく、当人の話だから間違いないのです」と、どこまでも保証していた。

今では不忍も、大かた畑に変っているそうだが、戦争の間、庭へ来るコジュケイにまであさましく眼を光らせた当時は、この話を思い出して、蜜柑箱さえ用意して行けばあそこで鴨が捕れるのに、やってみる人はないかしらと思ったこともある。

むじな話とつい距離が遠くなったが、その後になって、富士見に久しく住んでいた知人から、「自分も南の猟師から、お話のような方法で、むじなを捕るという話を聞きました」とわざわざ知らせて来た。これで、大曾利の源十の話は太鼓判をおされたことになった。

むじなの皮の用途は、従前は主として鍛冶屋《かじや》のふいごにあった。私の家へ茶を飲みに来る物知りの老棟梁《とうりょう》は「あの皮はゴワゴワしているので保《も》ちがいいし、それに足が短いので、枚の四すみに折り返すのに都合がいいでしてね」と教えてくれた。ピストンの板に張るのだが、「足が短いので」が、むじなを眼前に浮かばせて、哀れでもあった。

ここで話は手前ものの星へ移る。戦争もまだ初期の頃《ころ》だったが、友人の一人が正月、奥多摩の秋川谷へ民具の採集に入りこんで、土産に、ムジナノカワハリ（皮張り）という星の方言を持って来てくれた。

これは春さきに、南に出る烏《からす》座の和名で、四つ星がほぼ梯形《ていけい》を描いているのを、猟師がむじなの皮を壁に釘で張りつけて乾かしている形と見るのだと言う。普通は四ツボシとか四スマボシとよんでいて、カワハリは極めてローカルな方言だが、私は、聞いたのが冬でもあったので、榾火《はだび》明りの映っている小屋の荒壁、そこに足をひろげている小さいむじなの皮、黙々と草鞋を編んでいる山人、さては、窓から射しこむ月の光まで空想して、この侘《わび》しく寒ざむとした星の名を味わったものだった。

私は、むじなをいつも可憐な動物として好感を持っているが、それにはまた次ぎの挿話が多分に影響している。

小谷《おたり》口碑集（小池直太郎氏編）に、秋の頃犀川《さいかわ》に張る鮭《さけ》用の竹簀《たけす》にむじなの死んだのが引っかかる事がある。これは上流の山谷で、晴れた晩に星に見惚《みと》れて岩角に乗り出し、沢へ墜落して死んだむじなで、大水などで、平地へ流れ出して来たものとされ、「星見」と呼ぶと、出ている。「星見」とは、うれしい。

私からこの話を聞いた友人は、「すると、星を見ない僕なんかは、むじなにも劣るというわけかね」と笑った。ともかく殊勝なむじなである。

この話には、案外、イソップ物語の天文学者タレース先生の影がさしているかも知れないが、私は文字通り、むじなが星に見惚れたものとして置きたい。蜀《しょく》の犬だったかは月に吠《ほ》える。山奥のむじなが星月夜に眺め入らぬとは限らない。そう、彼のいとこは明月に腹鼓を打っていた。

蕪村《ぶそん》は、夜な夜な戸を叩いて旅情を慰めてくれた狸が殺されたのを憐れんで供養し、「秋のくれ仏に化ける狸かな」と手向けている。それは常陸《ひたち》の狸、これは信濃《しなの》の、より侘しく淋しい山里のむじなである。一茶《いっさ》に手向けの一句を所望したかった。

◉プロフィール／出典一覧

●青柳健（あおやぎ・けん）1930- 登山家・エッセイスト
「幻の山小屋（一）」（『郷愁の山』朋文堂、1965・8）

●片山英一（かたやま・えいいち）
「怪談「八ガ岳」」（藤木九三・川崎隆章編『山の神秘 登山全集・随想篇6』河出書房、1957・2）

●石川純一郎（いしかわ・じゅんいちろう）1935- 民俗学者
「奥会津檜枝岐怪異譚」（同前）

●畠中善哉（はたなか・ぜんや）1900-? 登山家
「鳥海湖畔の怪」（同前）

●西丸震哉（にしまる・しんや）1923-2012 食生態学者・登山家・探検家
「遭難者のいる谷間」（『山歩き山暮し』中央公論社、1974・7／中公文庫、1980・9）

●深沢正二（ふかざわ・しょうじ）
「横尾谷岩小屋の怪」（『山の神秘』同前）

●碓井徳蔵（うすい・とくぞう）1924-2004 登山家
「谷川岳一ノ倉沢の怪」（同前）

●畔地梅太郎（あぜち・うめたろう）1902-1999 版画家
「土小屋の夜」（『山の眼玉』1957・12／ヤマケイ文庫、2013・10）

●辻まこと（つじ・まこと）1913-1975 画家・エッセイスト
「ある短い冬の旅」（『山と森は私に語った』白日社、1980・6）

●新田次郎（にった・じろう）1912-1980 作家
「ブロッケンの妖異」（『山旅ノート』山と溪谷社、1970・10）

●幸田露伴（こうだ・ろはん）1867-1947 作家
「観画談」（『改造』1925・7／『ちくま日本文学全集・幸田露伴』1992・3）

●小泉八雲（こいずみ・やくも）1850-1904 作家・日本文化研究家
「常識」（『小泉八雲全集・7』第一書房、1926・7）

●岡本綺堂（おかもと・きどう）1872-1939 作家・劇作家
「木曾の旅人」（『文藝倶楽部』1897／『白髪鬼』光文社時代小説文庫、1989・7）

●田中貢太郎（たなか・こうたろう）1880-1941 作家
「三原山紀行」（『新怪談集 実話篇・物語篇』改造社、1938・6／『日本怪談実話〈全〉』河出書房新社、2017・11）

●芥川龍之介（あくたがわ・りゅうのすけ）1892-192

7　作家
「高原」（『日光小品』より。『羅生門・鼻・芋粥』角川文庫、1989・4）

●阿刀田高（あとうだ・たかし）1935-　作家
「山へ登る少年」（『恐怖コレクション』新潮社、1982・6／新潮文庫、1985・4）

●石井鶴三（いしい・つるぞう）1887-1973　彫刻家・画家
「山の幻影」（『石井鶴三文集・1』形象社、1978・9）

●加門七海（かもん・ななみ）作家
「霊山の話」（『怪のはなし』集英社、2008・12／集英社文庫、2011・12）

●柳田国男（やなぎた・くにお）1875-1962　民俗学者
「一眼一足の怪」（『妖怪談義』修道社、1956・12）

●佐々木喜善（ささき・きぜん）1886-1933　作家・民俗採話者
「不思議な縁女の話」（『佐々木喜善全集・1』遠野市立博物館、1986・6）

●鈴木牧之（すずき・ぼくし）1770-1842　随筆家・民俗研究者
「雪中の幽霊」（『北越雪譜』岩波文庫、1982・6）

●高橋文太郎（たかはし・ぶんたろう）1903-1948　民俗学者
「忌み山」（『山と人と生活』金星堂、1943・3）

●高須茂（たかす・しげる）1908-1979　登山家・民俗学者
「ヒダル神のこと――山中の怪異について」（『日本山河誌』角川選書、1976・9）

●岩科小一郎（いわしな・こいちろう）1907-1998　民俗学者
「天狗の正体」（『山の神秘』同前）

●野尻抱影（のじり・ほうえい）1885-1977　天文民俗学者
「むじな話」（『星まんだら』徳間文庫、1991・7）

＊片山英一氏、畠中善哉氏、深沢正二氏、高須茂氏の連絡先がわかりませんでした。ご本人及びそのご家族のご連絡先にお心当たりのある方は、編集部までご一報いただけると幸いです。

山の怪と民俗研究会・編

青柳健　片山英一　石川純一郎　畠中善哉
西丸震哉　深沢正二　碓井徳蔵　畦地梅太郎
辻まこと　新田次郎　幸田露伴　小泉八雲
岡本綺堂　田中貢太郎　芥川龍之介　阿刀田高
石井鶴三　加門七海　柳田国男　佐々木喜善
鈴木牧之　高橋文太郎　高須茂　岩科小一郎
野尻抱影

山の怪異譚

二〇一七年一一月二〇日　初版印刷
二〇一七年一一月三〇日　初版発行
編　者——山の怪と民俗研究会
発行者——小野寺優
発行所——株式会社河出書房新社
東京都渋谷区千駄ヶ谷二-三二-二
電　話——〇三-三四〇四-一二〇一〔営業〕
〇三-三四〇四-八六一一〔編集〕
http://www.kawade.co.jp/
組　版——株式会社ステラ
印　刷——三松堂株式会社
製　本——小髙製本工業株式会社

ISBN978-4-309-22715-3
Printed in Japan

山村民俗の会・編

山の怪奇　百物語

里の向こう、山の中では、
誰もが「何か」を感じることがある。
あるときは霊異であり、魔物であり、
祟りであり、不思議であり……
山にひたった人達が密かに語り伝える、
山という異界のものがたり。

河出書房新社

加藤博二・著

森林官が語る
山の不思議
飛騨の山小屋から

長い歳月過ごした人里離れた山奥の世界は、
あくまでも懐かしく、そこに棲む人たちは、
哀しくもまたあたたかい。
森林官が袖ふれあった、
湯小屋のおやじ、山窩の娘、雪和郎、
そして、炭焼きの父娘……。
「明るくも傷心な風景を
私は忘れることができないのである」

河出書房新社

岡本綺堂・他著

山の怪談

化けもの、怪異の民俗譚、
文人による心霊、不思議な話、
岳人・アルピニストの
遭難・恐怖・神秘体験……。
実話、エッセイ、小説でひたる、
二十の怪談。志賀直哉、深田久弥から、
柳田国男、上田哲農、工藤美代子まで。

河出書房新社